Arthur Schopenhauer
(1788. 2. 22 ~ 1860. 9. 21)

버금세계명작시리즈

살면서 꼭 읽어야 할
쇼펜하우어
인생의 지혜

아르투어 쇼펜하우어 / 북러버 엮음

우리가 쇼펜하우어를 다시 찾는 이유

쇼펜하우어가 작고한 지도 어언 100년이 훨씬 넘은 오늘날에도 그의 말들이 시대 차이를 느낄 수 없을 만큼 생생하게 들리는 건 왜일까? 그 시대에 그런 생각을 했다고는 쉽게 믿어지지 않을 정도로 시간을 초월한 언어들이기 때문이다. 수 세기가 넘도록 그의 철학이 열렬한 지지를 받는 데에는 이처럼 그만한 이유가 있다.

쇼펜하우어의 철학은 단지 위로를 건네는 상냥하고 부드러운 철학이 아니라 우리가 발 딛고 있는 진짜 삶을 이야기하는 차갑지만 현실적인 철학이기 때문이다.

따뜻한 위로는 일절 없이 독설과 직설 가득한 쇼펜하우어의 언어는 인간성의 상실과 가치관의 혼란이 극에 달해가고 있는 피폐한 신자유주의 시대인 21세기에

'망치로 한 방 맞은 듯' 더욱더 묵직하게 다가온다. 굳이 위로해 주지는 않지만 다 읽고 나면 위로가 되는 묘한 쇼펜하우어의 매력, 누구나 알지만 미처 알지 못했던 쇼펜하우어 인생철학의 정수를 이 책을 통해 느낄 수 있을 것이다.

본서는 쇼펜하우어의 대표 저서인 소품과 부록(Parerga und Paralipomena), 의지와 표상으로서의 세계(Die Welt als Wille und Vorstellung) 외 쇼펜하우어의 다양한 명언과 에세이 중 우리가 삶을 살아가면서 반드시 기억하고 실천해야 할 주옥같은 교훈을 발췌하여, 현대를 살아가는 우리들의 시선에서 쉽게 읽고 이해에 도움이 되도록 정리하였다.

쇼펜하우어의 철학을 통해 삶의 올바른 방향과 현명하게 살아가는 지혜를 얻길 바란다.

목차

우리가 쇼펜하우어를 다시 찾는 이유

스스로 건강을 해치는 것만큼 어리석은 일은 없다

건강한 거지가 병든 부자보다 더 행복하다

명랑한 사람과 우울한 사람의 차이

명랑함만이 행복에 직접적으로 작용한다

물질이 주는 행복에는 반드시 한계가 있다

물질이 최고의 가치를 발휘하는 경우

본질적인 자산을 위해 다른 것들을 버려라

2. 인간관계에 대하여 - 60

언제나 다른 사람들이 원하는 모습을 보여줄 수는 없다

선택을 다른 사람에게 의존하지 말라

관계에 지나치게 의존하는 건 병이다

고독함을 사랑해라

하나라도 본받을 점이 있는 친구를 곁에 두어라

우리에게 다가오는 우정을 우연에 맡겨서는 안 된다

친구와 적을 구별하는 가장 좋은 방법

친한 친구가 불행을 당하면 딱히 싫지만은 않다

좋은 관계일수록 오랜만에 만나라

말할 때 화가 나도 냉정함을 유지해야 한다

상대방의 결점에 관대해라

누구에게도 적의를 품지 말라

거짓되고 일시적인 명성에 취하지 말라

타인에게 정신적 우월함을 과시하지 말라

허영심은 수다스럽게 만들지만 자신감은 과묵하게 만든다

누군가의 잘못을 쉽게 잊는다면 그는 같은 잘못을 또 저지른다

상대방의 진실을 알아내는 방법

마음에 담아두지 말고 길가에 놓인 돌멩이처럼 차 버려라

자화자찬에 빠져서는 안 된다

타인은 나의 인내심을 훈련하게 한다

사소한 일에서 사람의 성격이 드러난다

다른 사람의 일에는 명석한 수학자가 되어 따진다

3. 사랑에 대하여 – 106

고된 인생을 견디게 하는 사랑의 힘

사랑을 하려면 언제나 능동적이어야 한다

사랑은 실체가 없어도 존재한다

강하면서도 위험한 사랑의 힘

사랑은 행복해지기 위해서 받아들이는 것

사랑의 가치는 너무나 크고 다양하다

사랑의 해로운 점

모든 연애의 궁극적 목적은 자기 존재의 회복이다

사랑의 본능적인 목적은 서로를 닮은 후손을 만드는 것

사랑의 정열은 잠재적인 형태로 숨어 있다

인간은 본능적으로 더 완벽해지기 위해 사랑을 한다

가장 완벽한 사랑은 정열적인 사랑이다

세상에서 가장 달콤한 것은 사랑이다

사랑은 이성이 아닌 감성에 의해서 만들어진다

우리의 생존방식과 밀접한 관계가 있는 사랑

사랑은 인간의 이상인 동시에 현실이다

사랑할 때 감성은 이성보다 월등하게 작용한다

사랑은 불가능한 것을 가능하게 한다

아름다움을 추구하는 것은 인간의 본능이다

사랑은 외부를 향해 스스로를 개방하는 것이다

사랑하는 사람을 포기하지 못할 때

사랑을 받을지, 존경을 받을지 선택해라

수놓아진 천의 이면을 보라

호감을 주는 시기가 왜 사람마다 다른가

세상에서 얻을 수 있는 것은 없음을 깨닫는 인생 후반기

열정이 행복을 가져올 수 없기에 노년기의 삶은 슬프지 않다

나이에 따라 분위기가 달라진다

경험과 성숙함을 대신하는 건 없다

노년기에 걸작이 탄생하는 이유

인생의 일부인 하루를 위한 최선의 선택을 하라

평정심은 행복한 노년의 필수 조건이다

세상을 떠나는 순간을 두려워할 필요는 없다

죽음에 대한 두려움을 느끼지 말고 하루하루를 살아가라

인간은 생명을 가진 껍데기가 아닌 그 어떤 것이다

인생의 장면은 거친 모자이크 그림과 같다

"나는 인생을 견뎌냈다"라는 말이 아주 멋진 표현인 이유

정신을 가꾸지 않은 사람만이 무료해진다

생존의 가치는 무엇으로 평가되는가

슬픈 일이 나쁜 것만은 아니다

인생의 끝은 가장무도회의 끝과 같다

쇼펜하우어 아포리즘

쇼펜하우어의 생애와 사상

행복한 인생을 위하여

행복한 삶을 살고 싶다면

자신만의 행복의 가치 기준을 정하라.

행복의 가치 기준이 없다면

진정한 행복의 기쁨을 알지 못한다.

사람마다 행복을 느끼는

가치 기준이 다 다르기 때문이다.

행복의 가치 기준을 정할 땐

행복의 기준을 낮게 잡는 것이 좋다.

행복의 기준이 높을수록

행복을 느끼는 정도가 적다.

왜냐하면 행복의 가치 기준이 높을수록

행복을 느끼는 일이 그만큼 적기 때문이다

인생의 행복은 바로
당신에게 달려있다

　행복은 근본적으로 객관적인 사실보다는 주관적인 느낌에 의해 결정된다. 그리스의 철학자 메트로도루스는 '인간의 행복은 대부분 자기 마음에서 비롯된다'고 말한다. 행복은 누구나 자기 자신 속에 깃들어 있다. 따라서 행복은 자기가 만들어내는 것일 뿐, 외적 환경과 어떤 조건에 의해 결정되는 것은 아니라는 뜻이다.

사람마다 느낌과 경험은 다르다. 같은 환경에서도 사람들의 생활 방식은 전혀 다를 수 있다. 오늘 당신의 삶을 풍부하게 해줄 당신의 주변에 있는 삶의 선물들을 바라보라. 당신 자신이 깨닫지 못해서 그렇지 삶은 온통 축복의 선물로 가득 차 있다. 그러나 그 축복의 선물을 대부분의 사람은 깨닫지 못할 때가 많다. 그래서 자신이 선물을 받았다는 것도 망각한 채 살아가는 사람들이 많다. 행복은 어떤 선물을 받느냐가 아니라 그 선물을 어떤 태도로 받아들이느냐에 있다.

행복은 스스로 만족하는
사람에게 찾아온다

본인 스스로 만족하고, 자기 자신이 전부여서 '나는 모든 재산을 몸에 지니고 다닌다.'라고 말할 수 있다면 그것이야말로 가장 확실하고 의미 있는 행복일 것이다.

우리는 '행복이란 자기 자신에게 만족하는 사람의 것이다.'라는 아리스토텔레스의 말을 자주 생각

16

할 필요가 있다. 왜냐하면 인생을 살아가면서 온갖 어려움과 경쟁, 위험과 불쾌한 일들을 피할 수 없는데, 그 속에서 조금이나마 안심하고 의지할 수 있는 것은 결국은 자기 자신밖에 없기 때문이다.

마음이 편안해야
행복이 들어온다

우리에게는 인내하면서 주위를 둘러볼 수 있는 마음의 평안이 필요하다. 마음이 평온하지 않다면 행복은 절대로 우리의 마음속으로 들어올 수 없기 때문이다.

행복을 측정하는 유일한 척도는 편안한 마음이다. 언제나 편안한 마음을 유지할 수 있다면 그 사람은 어떠한 상황에서도 항상 행복한 사람이다.

행복의 가장 우선적인
가치는 인격이다

우리 인생의 행복에 가장 첫 번째 가치는 바로 우리 그 자체인 인격이다. 인격은 어떤 상황에서도 변함이 없고 언제나 영향을 미치기 때문이다.

우리는 인생의 행복을 위해 인격을 가능한 한 유리하게 이용해야 한다. 그렇기에 인격을 갖추는 일에 힘을 쏟고, 개성에 적합한 수준의 교육을 하기 위해 노력하고 맞지 않는 것은 피해야 하며, 거기에

맞는 위치와 직업, 생활 방식을 선택해야 한다.

헤라클레스와 같은 특별한 체력과 힘을 타고난 사람이 외부의 상황 때문에 사무직을 하거나, 세밀하고 섬세한 수공업에 종사하거나, 그가 가진 능력과는 완전히 다른 방식인 연구직이나 머리를 쓰는 일을 한다면, 결국 그는 자신의 뛰어난 능력을 발휘할 수 없을 것이고 그것은 그를 평생 불행하다고 느끼게 만들 것이다. 그와 마찬가지로 뛰어난 지적 능력을 갖춘 사람이 그러한 능력이 필요하지 않은 일반적인 일을 하거나 자신의 능력이 미치지 못하는 육체노동을 하느라 자신의 능력을 발전시키고 이용하지 못하면 그도 불행하다고 느낄 것이다. 특히 이러한 경우 무엇보다 젊은 시절에 자신이 가지지 않은 힘을 지나치게 맹신하는 억측의 함정에 빠지지 않아야 한다.

행복하기 위해 행복이란
단어를 지워라

　내가 젊은 세대에게 해줄 수 있는 조언은 행복을 위해 무언가를 얻기보다는 무언가를 제거하는 쪽으로 방향을 잡으라는 것이다. 돈을 열심히 벌어 부자가 되겠다는 생각보다는 가난하게 살지 않겠다고 생각한다. 지금보다 건강해지려는 욕심을 버리고, 병에 걸리지 않겠다 다짐한다. 즐겁게 놀기보다는 욕을 먹거나 비난받지 않도록 한다. 이것은 다분히 현실적인 생각과 다짐이다. 이러한 생각과 다짐을 지킨다면 작지만 확실한 성과를 거둘 수 있다.

행복이라는 단어를 지우면 이 수칙들을 좀 더 쉽게 지킬 수 있다. 내가 좋아하는 프랑스 속담 중에 '더 좋은 일은 정말 좋아하는 일의 적이다'라는 말이 있다.

말장난처럼 느껴지기도 하겠지만, 이건 더없이 현실적이고도 확실한 수칙이 될 수 있다. 모든 즐거움에는 고통이 따른다. 그리고 견유학파(소크라테스의 제자 안티스테네스가 창설한 고대 그리스 철학의 학파) 철학자들은 아주 오래전부터 '약간의 고통이 따르는 향락보다는 향락 없는 대신 고통도 없는 삶이 낫다.'라고 주장해 왔다. 그들은 약간의 고통이 따르는 향락보다는 향락이 없는 대신 고통도 없는 삶이 낫다고 생각했다. 그래서 고통을 없애기 위해 전력을 다했다. 당연한 결과로써 그들은 삶이 조금도 기쁘지 않았지만, 어쨌든 그들의 삶은 조금도 고통스럽지 않았다.

인생은 불행해지기는 쉬워도 행복해지기는 어렵다. 행복을 포기하는 것은 위선도 아니고 실패도 아니다. 오히려 가장 현명한 선택이다. 인생의 지혜란 어떤 일을 겪고 어떤 사람을 만나고 어떤 상태에 놓이더라도 실망하지 않고 기대하지 않고 놀라지도 않는 중용의 미덕이다.

크게 실패해도 크게 슬퍼하지 마라. 크게 성공해도 크게 기뻐하지 마라. 나이가 더 많이 들면 알게 되겠지만, 인생에는 사실 크게 휘둘릴 만큼 가치가 넘치지 않는다. 오히려 그를 화려하게 여길수록 위험해진다. 세상은 하나의 거대한 무대다. 눈에 보이는 건 겉모습뿐, 연극이 끝나면 화려한 무대는 철거되고 텅 빈 창고만 남을 것이다. 그리고 그러한 연극을 필요 이상으로 즐긴 사람은 그 후의 적막까지도 감당하게 되리라. 이를 조금이라도 이른 나이에 이를 깨달으면, 삶의 통찰 자체가 달라질 것이다.

넓게 세운 행복은 사라지기 쉽다

어떤 사람이 얼마나 행복한지를 알아보려면 그가 어떤 일에서 즐거움을 느끼는지가 아니라 어떤 일에 슬퍼하는지를 물어보면 된다. 누가 보더라도 사소한 일에 대해 슬퍼할수록 더 행복한 것이라고 말할 수 있다. 문제없이 잘 지낼 때 사소한 일에 민감하게 슬퍼하고 걱정할 것이기 때문이다.

다시 말해 큰 불행이 닥치면 사소한 일들을 전혀

느끼지 못한다는 것이다. 그러므로 우리는 삶에 지나치게 많은 요구를 하면서 행복을 너무 넓은 범위에서 기대하지 않는 것이 좋다. 넓은 토대 위에 세우는 행복은 자칫하면 무너지기 쉽고 재난이 일어날 기회도 많기 때문이다. 일반적인 건물은 토대가 넓을수록 튼튼하지만, 행복이라는 건물은 그렇지 않다. 따라서 가능한 기대 수준을 낮추는 것이 큰 불행을 미리 예방하는 확실한 방법이다.

내 의식의 수준이
그 무엇보다 가장 중요하다

무대 위에서 한 명은 황제를 연기하고, 다른 한 사람은 재상을 연기하고, 또 다른 사람은 시종 혹은 병사나 백성의 역할을 하지만 이러한 차이는 단지 겉모습에 불과하다. 핵심적인 그 내면은 전부 똑같이 삶의 고통을 느끼고 어려움이 있는 가여운 연극 배우인 것이다.

인생도 이것과 마찬가지이다. 사회적 지위와 부유함의 차이는 그 사람에게 자신의 역할을 하도록 해주지만, 그와는 별개로 행복과 만족감의 내적인 차이가 사회적 지위와 부유함에 들어맞는 것은 아니다. 그와 마찬가지로 모든 사람의 내면에는 똑같이 자신만의 고통과 어려움에 시달리는 불쌍한 사람이 있는 것이다. 그 고통과 어려움은 사람에 따라 조금씩 차이는 있지만, 본질적인 면에서 그 형태는 사실 모두가 놀라울 정도로 동일하다.

물론 정도의 차이가 있기는 하지만 그것이 사회적 지위와 부, 즉 역할의 차이와 같은 것은 아니다. 인간을 위해 존재하고, 인간에게 일어나는 그 모든 것들은 오로지 인간의 의식 안에서 존재하고 만들어지는 것이기 때문이다.

그렇기 때문에 내 의식의 수준이 무엇보다 가장 중요한 것이며, 나아가 더 본질적으로는 겉모습보다는 그 속에 들어 있는 성질이 더욱 중요한 것이다. 그 어떠한 사치와 향락이라도 멍청한 이의 아둔한 의식 속이라면, 힘든 감옥 안에서도 〈돈키호테〉를 썼던 세르반테스의 의식에 비하면 빈곤하다고 할 수 있다.

마음이 풍요롭다면
운명을 탓하지 않는다

안타깝게도 사람들은 우리가 가지고 있는 것이나 아니면 다른 사람들이 보는 모습만을 생각하며 타고난 팔자, 즉 운명을 탓한다. 그러나 운명은 정해져 있는 것이 아니고 나아질 수 있으며, 마음이 풍요롭다면 우리는 우리의 운명을 탓하지 않을 것이다.

그런데도 어리석은 자는 운명이 정해져 있다 믿고

운명을 탓하는 그저 어리석은 자에 머물 뿐이며, 천
국에서 천사에게 둘러싸이는 마지막 순간까지 아둔
한 인간일 뿐이다.

　그렇기에 괴테는 그의 저서 서동 시집에서 이렇게
말한다. "백성과 노예와 지배자, 그들은 고백한다.
늘 언제나 연약한 인간의 가장 큰 행복은 그저 인
간의 성격일 뿐이라고."

인생을 행복한
모습으로 바꾸어라

참을 수 없는 것으로부터 인내하는 방법을, 수다스러움으로부터 침묵하는 방법을, 불친절로부터 친절함의 방법을 배워라. 행복과 불행이 반반의 확률일 때 천성이 우울한 사람은 불행한 결말을, 쾌활한 사람은 행복한 결말을 예상한다.

우울한 성격의 사람은 열 가지 계획 가운데 아홉

가지가 성공하면 성공한 아홉 가지는 거들떠보지도
않고 실패한 한 가지 일에만 집착하면서 고통스럽
게 살아간다. 그러나 쾌활한 사람은 커다란 의미를
부여하면서 행복하게 살아간다.

 행복과 불행은 받아들이는 성향에 따라 우리의 인
생은 다양한 모습으로 변한다. 인생을 행복한 모습
으로 바꾸는 것은 전적으로 나에게 달려 있다.

고독함을 느껴도
내 안에서 즐거움을 얻자

지혜롭고 행복한 사람은 군중 속에서 고독함을 느끼더라도 자기 생각과 상상에서 즐거움을 얻을 수 있다. 하지만 어리석은 사람은 사교모임, 연극, 나들이나 오락거리를 계속 바꾸더라도 고통스러운 지루함을 피할 수 없다. 선하고 조화로우며 부드러운 성격은 어려운 상황에서도 만족할 수 있지만 탐욕스럽고, 시기심이 강하고, 이기적이고, 사악한 사람은 아무리 부유하더라도 만족하지 못한다. 그렇기에 내 안에 즐거움이 가득 찬 훌륭한 인격을 가진 이들에게 보통의 사람들이 추구하는 오락거리는 불필요한 것이자, 그저 성가시고 거추장스러운 것일 뿐이다.

따라서 호라티우스는 이러한 모습을 빗대어, 이렇게 말한다. "상아와 대리석, 장신구와 티레니아의 조각상, 그림 작품들은 게툴로(북아프리카 지역의 라틴어 표기로, 이 지역에서 뿔고둥을 이용해 보라색으로 귀한 옷감을 염색했기에 당시 높은 지위와 부를 상징했다)에서 뿔고둥으로 염색한 옷감을 가지고 싶어 하는 이도 많지만, 때로는 원하지 않는 사람도 있다."

그리고 소크라테스는 팔기 위해 전시해 놓은 사치품들을 보며 "내게 필요 없는 것이 대체 얼마나 많은 것인가" 하고 말했다.

사람들은 자신의
의식 안에서만 살아간다

개개인이 살아가는 세상은 각각의 관점이 어떠한가에 달려 있어서 생각의 차이에 따른 영향을 받는다. 이 때문에 어떤 이에게는 세상이 빈곤하고 재미있고 하찮은 곳이지만 어떤 이에게는 풍요롭고 재미있으며 또 값진 곳이기도 한 것이다.

예를 들어 어떤 사람들은 다른 사람의 인생에

일어난 흥미진진한 사건을 부러워하기도 하지만, 사실 그는 그러한 사건들을 흥미진진하게 의미를 부여한 사람의 세상을 보는 관점과 그들이 가진 표현력을 부러워해야만 하는 것이다. 같은 일이라고 하더라도 재기가 넘치는 사람은 그것을 너무나도 흥미진진하게 표현하고 받아들이지만, 어리석은 사람은 그것을 그저 일상 세계에서 일어난 하나의 진부한 장면으로 여길 것이기 때문이다.

마찬가지로 다혈질인 사람에게는 그저 하나의 흥미로운 갈등 정도인 것이 우울한 성격의 사람에게는 슬픈 일로, 그리고 무덤덤한 사람에게는 그저 의미 없는 일로 여겨질 것이다.

이 모든 것은 각각의 현실은 주관과 객관이라는 두 부분으로 구성되어 있다는 점에 그 원인이 있다. 절반의 객관은 완전히 동일하지만 주관이 다르거나, 아니면 정반대의 경우라면 현실은 완전히 달라질 수 있다. 절반의 객관이 가장 아름답고도 훌륭하지만 나머지 절반의 주관이 너무 답답하고 힘들다면 그저 끔찍한 현실만이 존재하는 것이다. 이는 마치 아무리 아름다운 경치에서 사진 촬영을 한다 해도 촬영 당일의 날씨가 엉망진창이거나, 성능이 나쁜 카메라 렌즈로 촬영하는 것과 같다.

이를 더 정확하게 표현한다면, 개개인은 마치 자신의 피부 같은 스스로의 의식 속에 들어가 있고, 오직 그 안에서만 살아가는 것이다. 그러므로 우울하거나 불행하다고 느끼는 사람을 외부에서 도울 방법이 별로 없는 것이다.

세 가지의 인생 자산

아리스토텔레스의 저서 '니코마코스 윤리학'에서는 인생의 자산을 외적인 요소, 내면의 요소, 육체적인 요소 세 등급으로 나누었다. 이러한 생각에서 더 나아가 인간의 운명을 가르는 결정적인 차이는 세 가지 인생 자산이라고 볼 수 있다.

첫 번째는 '인간을 이루는 것'이다. 즉 가장 넓은 의미에서의 인격을 의미한다. 여기에는 건강, 힘,

아름다움, 기질, 도덕성, 지혜와 능력이 포함된다.

두 번째는 '인간이 지니고 있는 것'이다. 즉 일반적인 의미에서의 재산과 같은 소유물을 의미한다.

세 번째는 '인간이 남에게 드러내 보이는 것'이다. 다른 사람의 눈에 비친 자신의 모습, 즉 다른 이에게 어떤 인상을 주는가 하는 것이다. 인상을 주는 요소는 명예, 지위, 명성으로 나누어진다.

인생에서 가장 중요한 것은
내면에 존재한다

앞에서 소개한 인생 자산의 첫 번째인 '인간을 이루는 것'에서 우리가 생각해야 할 점은 '인간들 사이에 어떠한 차이를 자연적으로 만들었는가?' 하는 것이다. 여기에서 얻을 수 있는 결론은 인간의 행복이나 불행에 미치는 영향은 단순히 인간들이 결정한 것에 지나지 않다는 점이다. 에피쿠로스의 제자였던 메트로도로스는 이미 다음과 같이 말했다. "우리 내부에 있는 행복의 원인이 사물에서 유래하는

행복의 원인보다 더 크다."(클레멘스 알렉산드리아누스, 〈스트로마타〉 2권 21장)

외부의 상황이나 사정이 똑같다고 하더라도 개개인에게는 완전히 다른 영향을 미치는 것이며, 동일한 환경에 살아가는 개개인들은 각각 다른 세계를 살고 있다. 사람은 자신만의 생각, 감정 그리고 의지를 가지며 단지 그러한 것에만 직접적으로 반응하기 때문이다. 외부의 것들은 그저 그러한 것들의 원인이 때에만 그들에게 영향을 미친다.

그러므로 인간의 행복에 있어 가장 중요한 것은 외적인 요소가 아닌 내면에 존재하거나 생겨나는 것이다. 즉 인간의 느낌과 의지, 그리고 생각의 결과인 내면의 편안함 또는 불편함에 의해 행복이 결정된다. 외부의 상황 자체는 그저 그러한 감정에 간접적인 영향을 미치는 것에 불과한 것이다.

인생은 고통을 이겨 내기 위한 것

인생을 '행복하게 산다'는 말은 매일매일 가장 행복하게 사는 것이 아니라 '덜 불행하게' 즉 그럭저럭 견디며 산다는 의미이다. 인생은 항상 즐거움을 일삼기 위해서가 아니라 고통을 이겨 내고 극복하기 위한 것이다. 노년엔 삶의 노고에서 벗어났다는 사실이 위안이 된다. 이런 의미에서 본다면 가장 행복한 운명을 타고난 사람은 대단히 큰 기쁨이나 쾌락을 맛본 사람이 아니라 정신적, 육체적으로 큰 고통을 겪지 않고 살아온 사람이라고 말할 수 있다.

본인의 재능을 정확하게
알고 있는 사람은 행복하다

　사소한 개인적인 목표라도 매일 조금씩 자신의 손으로 만들어져 마침내 완성되는 것을 볼 때 인간은 행복감을 느낀다. 예를 들어 영상이나 그림 같은 예술 작품이나 소설이나 음악과 같은 창작 저작물을 완성하면서 행복감을 느낄 수 있다. 또한 작품 활동이 아니라 생활 속에서 목표를 정해놓고 하나씩 변화가 보일 때도 마찬가지이다.

물론 좀 더 커다란 목표나 우수한 종류의 목표일수록 행복감도 더욱 고조될 수 있다. 이러한 점을 볼 때 훌륭하고 중요한 목표를 달성해 낼 수 있는 재능 있는 사람이 가장 행복하다고 할 수 있다. 그런 능력을 자각할 때 더욱 고귀한 관심이 삶 전체에 퍼져, 다른 사람에게서는 볼 수 없는 매력을 더해 주기 때문이다.

스스로 건강을 해치는 것만큼
어리석은 일은 없다

행복에 가장 크게 영향을 주는 건 바로 건강이다. 건강해야 모든 것을 즐길 수 있기 때문이다. 건강하지 못하면 그 어떠한 것도 즐길 수가 없다.

정신력이나 성격, 지적 능력과 같은 내면적 자산조차도 몸이 병들면 위축되고 불행해진다. 사람들이 만나면 서로의 건강에 대한 안부를 묻는 것도 다

이유가 있다. 인간의 행복에서 가장 중요한 것이 바로 건강이기 때문이다.

먹고 살기 위한 돈을 벌기 위해서든, 지식을 탐구하거나 명예를 얻기 위해서든, 무슨 일을 하든 건강을 희생하는 것만큼 어리석은 일은 없다. 건강이 있고 난 뒤에 다른 모든 것이 있는 것이다.

건강한 거지가 병든 부자보다
더 행복하다

앞서 이야기했듯 건강은 그 어떤 재산보다 훨씬 중요하다. 완벽한 건강과 행복한 조화에서 만들어지는 차분하고 밝은 성격, 올바른 분별력, 조화롭고 부드러운 의지와 선한 양심 등 이러한 것들은 사회적 지위나 부유함으로도 대신할 수 없는 최고의 장점들이다.

완벽한 건강에서 얻어진 이러한 것들은 오롯이 나를 위한 것이며 언제나 나를 따라다니는 것, 그리고 그 어떤 누구에게도 주거나 받을 수 없는 것들이므로 다른 사람들의 눈에 보이는 것보다 훨씬 본질적으로 중요하다.

명랑한 사람과
우울한 사람의 차이

사람마다 유쾌함과 불쾌함을 느끼는 정도에는 차이가 있다. 그래서 같은 일이라 할지라도 어떤 사람은 절망에 빠지는가 하면, 어떤 사람은 가볍게 웃고 넘어간다. 불쾌함을 느끼는 정도가 강할수록 유쾌함을 느끼는 정도는 그만큼 약하다.

우울한 사람은 불행한 일이 닥치면 쉽게 화를 내

거나 몹시 괴로워하지만 정작 행복한 일을 맞아도 그다지 기뻐하지 않는다. 명랑한 사람은 불행한 일을 당할 때도 그다지 화를 내거나 괴로워하지 않지만, 행복한 일을 맞으면 누구보다도 크게 기뻐한다.

명랑함만이 행복에
직접적으로 작용한다

　명랑함이 없는 사람은 어떤 일이든 생각한 대로 흘러가지 않으면 짜증을 내며 탓할 거리부터 찾는다. 그렇게 주변 사람들과 주변 환경, 나아가서는 스스로를 자책하기까지 하다가 불행에 빠져 허우적댄다. 하지만 명랑한 사람은 어떠한 어려움 속에서도 행복을 찾으며 늘 그랬듯 하루를 무사히 잘 마무리한다.

우리는 어떤 일이든 만족할 이유가 있는지, 나에게 이익이 되는지를 먼저 생각한다. 혹은 심각한 고민과 무거운 걱정에 사로잡혀 있다. 그 때문에 명랑함을 받아들이는 것을 자주 주저한다. 그러나 고민과 걱정을 통해 상황을 나아지게 하는 것은 매우 불확실하지만, 명랑함은 직접적인 도움이 된다. 명랑함은 우리에게 실망감을 주는 법이 없다.

오직 명랑함만이 인생의 행복에 직접적으로 작용한다. 그래서 어떤 사람이 행복한지 판단하려면 그가 명랑한지 알아보아야 한다. 명랑하다면 나이가 어리든 많든, 몸이 건강하든 불편하든 아무래도 상관없다. 그는 행복한 사람이다.

물질이 주는 행복에는
반드시 한계가 있다

대부분의 사람이 행복하기 위해서는 돈이 필요하다고 생각한다. 물론 돈이 무조건 나쁘다는 것은 아니다. 우리의 삶을 윤택하게 해주고 보다 더 좋은 선택을 할 수 있게 한다. 하지만 중요한 것은 물질이 주는 행복에는 반드시 한계가 있다는 것이다.

바로 인생의 우선순위를 돈, 즉 물질로 놓는다면

불행이 시작된다. 부자 중 많은 사람이 불행하다고 느끼는 것도 그 때문이다. 인생을 살아가는 데 필요한 것 이상의 부는 행복에 그다지 도움이 되지 않는다.

지적 교양도 없고 지식도 없어 내면의 소양을 갖추지 못하면 외부에 대해서도 별다른 흥미를 느끼지 못하기 때문이다. 우리에게 실제로 필요한 것 이상의 부는 우리의 행복감에 그다지 영향을 미치지 못한다. 오히려 그 많은 재산을 유지하느라 쓸데없는 걱정을 해야 하므로 행복을 즐기는 데 방해가 될 뿐이다.

물질이 최고의 가치를
발휘하는 경우

부모에게 물려받은 재산이 많다고 빈둥거리며 인생을 낭비하는 사람은 경멸을 받아야 마땅하다. 그런 사람은 행복해질 수도 없다. 가난함은 없지만 무료함에 시달리려 비참해지기 때문이다. 그런 사람은 차라리 가난해서 정신없이 일했다면 훨씬 더 행복했을지도 모른다. 무료함은 자칫하면 극단으로 치닫게 하여, 다른 희망마저 앗아갈 수도 있다.

물질이 최고의 가치를 발휘하는 경우는, 부유한 사람이 부를 늘리는 것과는 전혀 관계없는 일을 추구하는 경우다. 다른 사람이 쉽게 할 수 없었던 일을 해냄으로써 전 인류에게 도움을 줄 수 있다. 또 어떤 사람은 희생적인 노력을 함으로써 역사에 큰 발자취를 남길 수 있다.

본질적인 자산을 위해
다른 것들을 버려라

행복에 있어 가장 중요한 것은 물질이 아니라 건강이며, 아무런 걱정 없이 마음 편히 살아갈 수 있게 하는 수단 즉, 부와 같은 물질적인 요소는 그다음이다. 부와 명예에 많은 가치를 부여하는 사람들이 있긴 하지만, 우리가 지니고 있는 본질적인 자산과는 비교가 되지 못한다. 오히려 본질적인 자산을 지키기 위해 그런 것들을 미련 없이 버릴 수 있어야 한다.

    우리는 각자 자신의 신념 속에서 살아가는 것이지
타인의 관점에 따라 살아가선 안 된다는 단순한 진
리를 깨달아야 한다. 그것이야말로 행복에 큰 도움
이 될 것이다.

인간관계에 대하여

나만 힘들고, 나만 피곤하고,

나만 희생당한다는 착각에서 벗어나라.

이 세상에서 나만 외롭고,

나만 힘들고, 나만 피곤하고,

나만 희생당한다는 망령에 사로잡히는 것이다.

언제나 다른 사람들이
원하는 모습을 보여줄 수는 없다

어느 분야에서 성공을 거둔 사람들을 살펴보면 그들은 상대방이 옳다고 생각하면 깔끔하게 인정하거나 칭찬하고, 나아가 상대로부터 배울 점을 찾는 습관이 만들어져 있다. 그런 겸손하면서도 진취적인 생각은 사람을 더욱 발전하게 만든다. 하지만 대부분의 사람은 그러지 못한다. 많은 사람이 사실은 상대방이 옳다는 것을 알고 있으면서도 그를 인정하지 않고 배려하고 포용하지 않는다. 상대방의 생각에 어떤 부분은 내 생각이 맞으며 어느 한 부분은 분명히 잘못되어 있을 거라며 아집을 굽히지 않는다. 이렇게 사람들이 훌륭한 인격의 타인을 접했을 때 그를 무작정 시기하고 어떻게든 흠집을 내려고 혈안이 되는 원인은 내면에 뚜렷한 자의식이 없기 때문이다. 나를 세상의 중심으로 잡아주는 기둥이 없이 타인의 시선만 신경 쓰며 스스로를 보기 때문이다.

그러니 진정으로 성공한 삶에 가까워지고 싶다면 타인과의 관계에 앞서서 내면에 뚜렷한 자의식부터 정립해야 한다. 나는 어떤 사람이며, 어떤 부분이 장점이며, 어떤 부분에서 부족해 가르침이 필요한지를 파악하며 내 안에 흔들림 없는 올곧은 기둥을 만드는 것이 우선이다. 그렇게 탄탄한 자존감을 만들어간다면 타인과의 관계가 더욱 행복하고 즐거워질 것이다. 내가 나를 부끄러워하지 않고 나를 사랑해야 사람들도 나를 부끄러워하지 않고 사랑한다.

선택을 다른 사람에게
의존하지 말라

우리가 선택을 해야 하는 순간에 다른 사람들의 의견에 대해 끊임없이 관심을 기울이는 것은 원하는 목표를 얻기 위한 합리적인 모습이지만, 지나친 관심은 내면에 기준이 없어 확신이 없거나 내 생각보다 다른 사람들의 시선을 더 우선으로 생각하기 때문이다. 우리는 모든 선택을 할 때 그 어느 것보다 타인의 의견에 신경을 쓴다. 그 점을 자세히 생각해 보면 우리가 느끼는 모든 걱정과 두려움의 거의 절반 이상이 타인의 의견에 대한 관심에서 비롯된 것이라는 점을 알게 될 것이다.

인간의 정신이 도달할 수 있는 정점은 판단에 의한 선택이다. 선택을 타인에게 의존하지 않고, 타인의 의사를 수용하되 흔들리지 않는 것, 그것이 인간 정신의 정점이다. 자기 스스로 결정한다는 것만큼 인간으로서 완성도와 독립성을 보여주는 증거는 없다.

선택은 스스로 고민하지 않고서는 불가능하다. 상황을 냉정하게 비판하고 철저하게 보완하며, 새롭게 정립하는 과정이야말로 사색이라는 직관적 표상의 완성형이라고 할 수 있을 것이다. 이처럼 스스로 판단할 수 있게 된 인간은 한 나라를 다스리는 황제처럼 자기만의 영토인 내면의 세계를 다스릴 수 있게 된다.

한 가지 주의할 점은 선택을 위해 스스로 판단한 것과 사회적으로 인정받은 통상적인 이념을 혼동하지 말라는 것이다. 세상 사람들은 어려운 문제와 부딪혔을 때 사회적으로 인정받은 통상적인 이념을 따르면서도 의기양양하게 스스로 판단한 것처럼 착각에 빠지곤 한다. 이미 있었던 이념을 인용했을 뿐이면서 마치 자신이 직접 고안해 낸 결론인 것처럼 스스로를 속이곤 한다.

관계에 지나치게
의존하는 건 병이다

인생은 결국 혼자이다. 사람이 이 세상에 태어난 후 나이가 들어가면서 수많은 사람과 만나고 헤어지겠지만 그만큼 혼자 있는 시간도 많아진다.

아이일 땐 부모를 비롯한 어른이 주변에 있어야만 하기에 주변에 사람이 많을 수밖에 없고, 청소년기에도 많든 적든 학교 내 구성원들과 함께할 기회가 있다. 하지만 점점 자라날수록 많은 사람과 함께할 기회가 적어지고 노년에 이르러서는 더없이 고독한 일상이 기다리고 있다.

이러한 흐름은 인생을 살아가면서 자연스러운 일이기 때문에 우리는 고독함을 대비해야 한다. 고독함에 빠져 불행하지 않으려면 혼자 있을 때 어떤 사고방식으로 지내야 행복한지를 잘 파악해야 한다.

고독함을 사랑해라

인간은 고독할 때 자신을 알 수 있다. 그러므로 고독을 사랑하지 않는 자는 인간의 자유를 사랑하지 않는 것과 같다.

우리가 진정한 자유를 느끼길 바란다면, 때때로 고독이란 방에 들어가야 한다. 그래서 동서고금을 막론하고 진정한 자유를 누리고 싶어 하는 사람은 스스로를 고독하게 하는 데 익숙하다. 그들은 고독을 통해 자신을 돌아봄으로써 묵은 마음이나 쌓인 감정을 깨끗하게 정리함으로써 자유가 주는 선물을 만끽하고 새 힘을 얻곤 했다.

삶에 지쳐 휴식이 필요할 때나 일이 잘 안 풀려 고민이면 스스로를 고독하게 함으로써 생각과 마음을 정리해라. 그러면 자신의 내면에 쌓인 불필요한 생각이나 감정을 내보내게 됨으로써 맑은 생각으로 가득 채우게 된다.

때때로 고독을 즐겨라. 고독을 사랑하는 자만이 자신의 내면을 통찰하게 됨으로써 진정 자유로울 수 있는 것이다.

하나라도 본받을 점이 있는
친구를 곁에 두어라

우정에는 참된 우정과 그릇된 우정이 있다. 참된 우정은 서로의 성공을 목표로 하지만 그릇된 우정은 그저 단순한 쾌락만 즐길 뿐이다. 그러므로 우리는 하나라도 본받을 점이 있는 친구가 필요한 것이다. 비록 그 친구가 내게 건네는 말이 지금은 쓰라린 상처일지라도 멀리 봤을 때는 더 큰 성공과 발전을 기원하며 건네는 약과 같은 말이 되어줄 것이다.

물론 참된 우정을 찾는 건 쉬운 일이 아니다. 세상에는 그저 쾌락만을 추구하는 관계가 너무나도 많으며, 진짜 훌륭한 사람을 친구로 둔다 해도 훌륭한 친구에 비해 자기 모습이 초라해 보여서 상대적인 박탈감이 함께 찾아올 수 있기 때문이다. 또한 우정을 쌓는 것은 서로 다른 인격이 충돌하는 과정이기 때문에 금 가기도 쉽다. 그렇기에 대다수의 사람은 이러한 어려움들을 극복하지 못하고 시시한 관계만을 맺으며 살아간다.

비록 쉽지는 않겠지만 인생의 고난과 역경을 함께할 친구를 얻길 바란다. 그런 친구가 한 명이라도 있다면 위험과 맞닥뜨렸을 때 혼자가 아니라는 사실에 감사함을 느낄 것이다.

우리에게 다가오는 우정을
우연에 맡겨서는 안 된다

　주변에 어떤 친구가 있는지에 따라 그 사람이 어떠한 사람인지 평가하고는 한다. 현명한 사람이 어리석은 친구와 우정을 나누는 일은 없다. 비록 함께 웃고 떠들어도 그와 내가 진심 어린 우정을 나눴다고 말할 수 없다. 상대의 장점을 이해하고, 내 삶에서 상대방의 장점이 발휘될 수 있도록 도와주거나, 그의 재능을 내 것으로 만들려는 노력이 필요하다. 하지만 사람들은 웃고 떠들고 함께 식사하고 술을 나눠 마시는 정도로 좋은 친구를 곁에 뒀다는 안일함에 빠진다.

그러므로 우리에게 다가오는 우정을 우연에 맡겨서는 안 된다. 나를 사랑하는 친구는 나의 슬픔을 쫓아내고, 나로부터 웃음 짓기를 원하는 친구는 내게 슬픔을 가져온다. 우정을 우연에 맡기지 말고 스스로 통제해야 한다.

친구와 적을 구별하는
가장 좋은 방법

흔히 친구는 많으면 많을수록 좋다고 생각한다. 물론 친구가 많으면 좋은 점은 분명히 있다. 하지만 친구가 많다 보면 도리어 나에게 해가 되는 경우가 더 많다. 그래서 무조건 많은 친구보다는 나와 뜻이 잘 맞고 어려울 때 도움을 줄 수 있는 친구 한 명이 그렇지 않은 친구 천 명보다도 더 낫다.

어떤 친구가 참된 친구인지 아닌지를 알아보려면 진정한 도움과 막대한 희생을 필요로 하는 경우가 제일 좋지만, 그다음으로 좋은 기회는 방금 닥친 불행을 친구에게 알리는 순간이다. 즉 내가 어려움을 겪을 때 조건 없이 도움을 줄 수 있는 친구라면 참된 친구라고 할 수 있다. 이런 친구는 언제나 한결같은 친구이기 때문이다.

친한 친구가 불행을 당하면
딱히 싫지만은 않다

앞에서 어떤 친구가 진정한 친구인지 알아보기 위해 자신에게 방금 닥친 불행을 알리라고 말했다. 그럴 때 조건 없이 도움을 주는 모습을 보고 구분하는 방법도 있지만, 나의 불행을 듣는 그 순간 친구의 반응을 보는 방법도 있다.

나에게 닥친 불행을 들을 때 어떤 친구는 마음에

서 우러나는 참되고 가식 없는 슬픈 표정을 지으며 나를 걱정한다. 또 어떤 친구는 겉으로는 마음의 평정을 유지하는 것 같지만 얼핏 스치는 표정마저 감추지는 못한다. 라로슈푸코의 말처럼 '가장 친한 친구가 불행을 당하면 우리는 딱히 싫지만은 않은 어떤 기분을 느낀다.'라는 말을 확인하는 것이다. 그런 경우 입가에 나의 불행을 좋아하는 흐뭇한 미소가 잔잔히 번지는 것을 거의 참지 못한다. 그러한 친구들에게 자신이 겪은 큰 불행에 대해 들려주거나 개인적 약점을 숨김없이 털어놓을수록 그들의 기분은 좋아질 것이다. 그것이 바로 인간 본성의 특징이며 진정한 친구와 적을 구분하는 방법이다.

좋은 관계일수록 오랜만에 만나라

　기억은 모든 것을 한 곳으로 끌어모아 실제 경험보다 훨씬 아름다운 형태로 만들어낸다. 그 이유는 기억은 현재 존재하지 않기 때문이다. 기억의 미화 작업이 완성되기까지는 오랜 시간이 필요하지만, 그 작업은 즉시 시작된다. 그러므로 좋은 관계일수록 오랜만에 만나는 것이 현명하다고 할 수 있다. 그렇게 하면 다시 만났을 때 기억이 미화 작업을 벌써 진행했음을 알게 될 것이다.

말할 때 화가 나도
냉정함을 유지해야 한다

자신의 판단을 남이 믿어주기를 바란다면, 화가
나도 흥분하지 말고 냉정하고 거침없이 말해야
한다. 그렇게 하지 않으면 상대방은 내 판단을 본
래 냉정해야 할 이성에 기인하는 것이라고 생각지
않고 의지에 기인하는 것이라고 생각할 것이다.

인간의 근본적인 모습은 의지에서 비롯된 것이며

이에 반하여 이성은 2차적인 것, 부가된 것에 불과하다. 그렇기 때문에 냉정하지 못한 모습을 보이면 상대방은 본능적으로 이성적인 판단이라고 여기기보다는 흥분한 의지에서 생긴 것이라고 생각할 것이다.

상대방의 결점에 관대해라

우리는 눈앞에서 일어나고 있는 현상이 마음에 들지 않아도 우리 자신의 어리석음과 부덕함으로 인해 생긴 것임을 염두에 두면서, 상대방의 온갖 결점에 관대해야 한다. 그건 바로 인류의 결점이며, 우리가 모두 지니고 있는 결점이기 때문이다.

자신에게 지금은 그런 결점이 없다고 생각해서 타인의 결점을 보고 즉각 지적하며 화를 내고는 한다.

하지만 우리 눈에 보이는 타인의 결점은 표면에 드러나지 않고 우리의 내면에 깊숙이 잠재해 있다가 어떤 계기가 생기기만 하면 즉각 수면 위로 떠오를 것이다.

물론 어떤 사람에겐 이런 결점이, 어떤 사람에겐 저런 결점이 나타나기도 하고, 어떤 사람에게는 결점이 다른 사람에 비해 훨씬 많이 있을 수도 있다. 개성의 차이가 헤아릴 수 없이 크기 때문이다.

누구에게도 적의를 품지 말라

인생을 살아가며 자의적이든 타이적이든 다양한 사람과 관계를 맺게 되는데, 가능하면 누구에게도 적의를 품지 않는 것이 좋다.

우리는 사람의 성격은 쉽게 변하지 않는다는 점을 항상 마음에 두고 각각 사람들의 행동을 잘 기억해 둬야 한다. 그런 다음 개인의 특성을 분별해 그들을 대하는 우리의 태도와 행동을 정해야 한다. 어떤 사람의 나쁜 특성을 잊어버리는 것은 어렵게 번 돈을 내버리는 행위와 같다. 하지만 잘 기억해 두고 행동하면 어리석은 우정이나 적의로 인한 감정 소모로부터 자신을 보호할 수 있다.

'사랑하지도 미워하지도 말라.'라는 말에는 모든 처세술의 절반이 담겨 있다. 나머지 절반은 '아무것도 말하지 말고 아무것도 믿지 마라.'라는 말에 담겨 있다.

거짓되고 일시적인
명성에 취하지 말라

흔들림 없이 훌륭한 것들은 대부분 천천히 성숙하듯이, 명성도 천천히 성장하는 것이 더 오래 지속된다. 세상을 떠난 이후에도 지속되는 명성은 씨앗일 때 아주 천천히 자라는 참나무와 같다. 반면에 거짓된 명성은 빠르게 자랐다가 금방 사라지는 잡초와 같고, 일시적인 명성은 빨리 자라는 일년생 식물과도 같다.

이러한 차이는 오래 지속되는 명성을 가진 사람의 생각이나 작품은 그 당시에는 이질적이기 때문이다. 그렇기에 그를 낯선 이방인으로 여기고 그냥 지나쳐버리는 일이 쉽게 일어날 수 있다. 오히려 그 시대에 속하여 함께 살고 그 시대와 함께 죽는 사람을 소중하게 여긴다. 일반적으로 우리 인류의 가장 높은 성과는 대체로 동시대 사람들에게 비우호적으로 받아들여졌고, 후대에 이르러 그들의 업적을 되돌아보고 공감해 명성을 얻었다. 그들의 업적은 그렇게 얻은 권위를 통해 명성을 아주 오래 유지한다.

이러한 이유는 사람들이 자신과 동질적인 것만 이해하고 평가하기 때문이다. 평범한 사람에게는 평범한 것이, 천박한 사람에게는 천박한 것이, 멍청한 이에게는 혼란스러운 것이 동질적인 것이다. 그러므로 모두가 자신과 동질적인 자신의 작품을 가장 좋아하는 건 자연스러운 일이다.

타인에게 정신적 우월함을
과시하지 말라

우리는 상대가 나의 정신적 월등함을 느끼면 자신
의 열등함을 깨달으리라 생각한다. 하지만 그렇게
되면 상대방은 열등함을 깨닫기보다는 마음에 격렬
한 분노가 일어난다. 타인에게 정신적 우월함을 과
시하는 행위는 사실 타인의 무능함과 우둔함을 간
접적으로 비난하는 셈이기 때문이다.

더구나 그릇된 본성을 지닌 사람은 자신과 전혀 다른 우월한 사람을 보면 정신적 혼란에 빠져 질투심을 일으키게 된다.

　인간은 그 어떤 장점보다도 정신적 장점을 자랑스럽게 여긴다. 하지만 타인에게 정신적 우월함을 과시하는 것은 참으로 담력이 대단한 행위다. 사람들은 그런 일을 당하면 복수심을 품고 상대에게 모욕을 주어 앙갚음을 하고 싶어 하기 때문이다.

허영심은 수다스럽게 만들지만
자신감은 과묵하게 만든다

자신감은 어떤 면에서든 자신이 우월한 가치를 가졌다는 생각에서 오는 굳건한 확신이다. 하지만 허영심은 내면에서 생기는 게 아니라 상대방이 내가 우월하다고 여기게끔 하는 것이며, 그 결과로 자신감을 만들 수 있으리라는 은밀한 희망을 동반한다. 자신심은 내부에서 나오는 자존감이자 직접적인 것인 반면에 허영심은 외부에서, 즉 간접적으로 그것을 얻으려고 애쓰는 것을 의미한다.

허영심은 사람을 수다스럽게 만들지만 자신감은 과묵하게 만든다. 하지만 허영심이 있는 사람들은 자신이 아무리 멋있는 말을 할지라도 말하는 것보다 계속 침묵하는 편이 다른 이들의 높은 평가를 받기에 훨씬 더 쉽고 확실한 방법이라는 사실을 알아야만 한다. 자신감은 원한다고 가질 수 있는 것이 아니다. 우월한 장점과 특별한 가치에 대한 내적인 확신과 흔들림 없는 신념만이 진짜 자신감을 만들어주기 때문이다.

물론 내적인 확신으로 생긴 자신감이 잘못된 것일 수도 있고 단지 사회적 관습에 근거한 것일 수도 있지만 내적인 확신이 진지하게 존재하는 한 자신감에 해를 끼치지는 않는다. 자신감이라는 것은 모든 지식과 마찬가지로 확신에 그 뿌리를 두고 있기 때문에 우리의 의지로 되지 않는다. 자신감의 가장 최악의 적이자, 가장 큰 장애물은 바로 허영심이다.

누군가의 잘못을 쉽게 잊는다면
그는 같은 잘못을 또 저지른다

누군가의 잘못을 용서하고 쉽게 잊는다는 것은 자신이 겪은 귀중한 경험을 창밖으로 내던져버리는 것과 같다.

상대방이 잘못에 대해 진심으로 반성하고 긍정적인 개선의 여지가 보이는 경우에 대해서는 할 말이 많지 않다. 오히려 말하는 것이 더 도움이 되지 않는다. 그렇기에 당신은 가볍게 경고를 하든지, 아니면 그냥 내버려두든지 해서 그 문제를 그냥 내버려두어야 한다.

반면 상대방이 잘못에 대해 진심으로 반성하지 않고 부정적인 태도를 보인다면 즉시 그 사람과 영원히 헤어져야만 하고, 그를 내쫓아야 한다. 비록 지금은 그들이 당신에게 다시는 그런 행동을 하지 않겠다고 약속하겠지만, 같은 상황이 발생하면 똑같은 행동을 하거나, 더 큰 잘못을 할 것이기 때문이다.

상대방의 진실을
알아내는 방법

상대방이 거짓말한다는 의심이 들면 오히려 믿는 척하는 태도를 보여라. 그러면 상대방은 더욱 대담해져 더 심한 거짓말을 하게 되고 결국 들통이 날 것이다. 반대로 상대방이 숨기고 싶어 했던 진실을 자신도 모르게 이야기했다는 것을 우리가 눈치챘을 때는 그것을 믿지 않는 듯한 태도를 보여라. 그러면 나의 의심에 자극받은 상대방은 모든 진실을 하나하나 다 뱉어낼 것이다.

마음에 담아두지 말고
길가에 놓인 돌멩이처럼 차 버려라

우리의 인생에 시시각각 사소한 고난이 일어나 우리를 괴롭히는 것은 행복할 때 미리 큰 재난을 견디는 힘을 만들기 위해 우리를 계속 훈련시키는 것이라 볼 수 있다. 매일 겪는 성가신 일이나 사람들과 교제할 때 생기는 사소한 갈등이나 충돌, 타인의 무례한 언행, 험담 등에 대처하기 위해서는 불사신 지크프리트(독일의 중세 영웅 서사시 '니벨룽겐의 노래'의 주인공)가 되어야 한다.

그런 일을 마음에 담아두거나 곰곰 생각하며 고민하지 말고, 길가에 놓인 돌멩이처럼 힘껏 차 버려야 한다. 그런 것에 대해 깊이 생각하거나 곱씹으면 안 된다.

자화자찬에 빠져서는 안 된다

누가 보더라도 자화자찬할 수밖에 없는 너무나 적절하고 좋은 이유가 있다 하더라도 자화자찬에 빠져서는 안 된다. 허영심은 너무나 흔히 볼 수 있지만 겸손과 미덕은 흔히 접할 수 없기 때문이다. 혹여 간접적으로라도 자신을 칭찬하는 듯한 모습을 보이면 사람들은 그 모습을 허영심 때문이라고 확신할 것이다.

하지만 프랜시스 베이컨은 그의 저서 '학문의 존엄에 관하여'에 "항상 무언가 뒷맛을 남기는 것은 비방뿐만 아니라 자화자찬에도 적용된다"라는 말을 남겼다. 이것은 지나치지 않은 적당한 자화자찬은 권할 수 있다는 뜻이며, 어느 정도는 옳은 말이다.

타인은 나의 인내심을
훈련하게 한다

나와 맞지 않는 개성을 가진 사람을 피하며 살 수 있는 사람은 행복한 사람이다. 사람에 대한 인내심을 쌓으려면 무생물을 상대로 자신의 인내심을 훈련해 보는 것이 좋다. 무생물은 역학적, 물리적 필연성에 의해 우리의 행동에 완강히 저항한다. 그런 훈련은 시간과 장소에 관계없이 매일 해볼 수 있다. 그렇게 해서 얻은 인내심을 나중에 사람에게 적용해 보는 것이다.

무생물이 우리의 행동에 완강히 저항하듯 우리와 맞지 않는 사람들도 그들의 천성에서 나오는 엄격한 필연성에 의해 그럴 수밖에 없다는 걸 익히게 될 것이다. 그러니 그들의 행위에 화를 내는 것은 우리 앞에 굴러온 돌멩이를 보고 화를 내는 것과 마찬가지로 어리석은 짓이다.

사소한 일에서 사람의
성격이 드러난다

새로 알게 된 사람을 너무 호의적으로 대하지 않
도록 주의해야 한다. 왜냐하면 그 사람을 알아갈수
록 그 사람에 대해 실망하고, 심하면 모욕을 당할
수도 있기 때문이다. 이럴 땐 '사소한 일로도 그 사
람의 성격을 알 수 있다.'라고 한 세네카의 말을 새
겨들어야 한다. 깊은 생각을 할 필요가 없는 사소한
일상에서 그 사람의 성격이 드러나는 것이다.

사소한 행동이나 단순한 태도에서 타인을 조금도 배려하지 않는 이기심을 가진 행동을 하는 사람이 있다. 그런 사람은 나중에 큰 문제에 부딪히게 되면 아무리 가면을 쓰려고 해도 제 본성을 감출 수가 없게 된다. 법적으로 문제가 되지 않는다 하더라도 안하무인으로 행동하고, 타인에게 손해를 끼치면서까지 자신의 이익이나 편의만 추구하며, 모든 사람을 위해 존재하는 것을 자신의 소유로 여긴다면, 그 사람의 마음속에는 정의감이 없는 것이 분명하다.

다른 사람의 일에는
명석한 수학자가 되어 따진다

사람들은 우리에게 도움이 되는 인생의 보편적 진리에 대해서는 그토록 둔감하고 무관심하면서도 개인의 사사로운 일에 대해서는 무척이나 집착한다. 평소에는 특별히 명석한 모습을 보이지 않는 사람이 다른 사람의 개인적인 문제와 관련된 일에는 단 하나의 수치만으로도 까다로운 문제를 해결하는 탁월한 수학자가 된다.

그러므로 아무리 사소한 것이라도 개인적인 어떤 상황에 대한 장소나 시점, 사람의 이름, 관련되는 그 어떠한 것도 상대방에게 말하지 않도록 조심해야 한다. 그렇지 않으면 구체적으로 주어진 수치를 이용해 수학적 명석함으로 다른 모든 것을 즉각 알아내기 때문이다.

사랑에 대하여

우리의 삶을 살아가게 하는

근본적인 힘은 어디에 있는가?

그것은 사랑이다.

고통과 불행으로 가득한 삶을

견딜 수 있게 하는 것도 사랑이며,

삶을 살아가게 하는 힘을 얻게 하는 것도 사랑이다.

고된 인생을 견디게 하는 사랑의 힘

사랑은 복잡하고 어두운 미궁 속에서 날개를 활짝 펴고 있다. 누구든지 그 미궁에 들어가면 빠져나오지 못한다. 사랑은 이성이 아니라 감성에 속하기 때문이다.

사랑이 이성에 속한다면 사람들은 사랑을 얼마든지 분석할 수 있을 것이다. 그러나 이성이 아닌 감성에 속하기 때문에 누구도 제대로 분석할 수 없다.

사랑은 이성이 결정할 수 없는 그 무엇이다.

  우리가 삶을 살아가게 하는 근본적인 힘은 사랑에 있다. 삶의 고통과 불행을 견딜 수 있게 하고, 살아가게 하는 힘을 얻게 하고, 험한 세상을 살아갈 수 있게 하고, 무한한 힘과 용기를 주고, 삶을 더욱 풍요롭게 하는 것도 사랑이다. 사랑은 인간의 위대한 영혼을 더욱 위대하게 하고, 죽음의 공포에도 일어서게 하는 강한 힘의 원천이다.

사랑을 하려면 언제나
능동적이어야 한다

우리 인간의 삶 중에서 가장 서정적이며 아름다운 삽화는 사랑이다. 사랑에 빠지면 그 사람의 행동 자체가 완전히 달라진다. 모든 일에 긍정적이고 적극적이며 항상 들떠 있다. 사랑에 빠지면 삶에 대한 의욕을 강하게 불어넣어 주기 때문이다.

사랑에는 숨겨진 하나의 함정이 있다. 연인의 사

랑만 얻게 된다면 끝없는 행복이 찾아올 것으로 믿는다는 점이다.

많은 사람들은 사랑이라는 엄숙한 주제를 너무나 간단한 것으로 취급한다. 또한 그들은 사랑이 운명처럼 저절로 다가오기를 기다린다. 그래서 적극적으로 행동하지 않고 늘 수동적으로 사랑을 기다리고 시작하길 원한다. 사랑을 위하여 내가 먼저 무엇인가를 헌신하지 않아도 되며, 언젠가는 그 사랑이 저절로 다가올 것이라는 환상에 젖어 있기 때문이다.

사랑을 수동적인 자세로 기다리게 되면 비극적이고 불행한 삶을 살게 된다. 사랑은 기다림 속에서는 결코 이루어지지 않는다. 따라서 사랑을 하려면 언제나 능동적이어야 한다.

사랑은 실체가 없어도 존재한다

많은 사람이 사랑에 대해서 말한다. 그러나 사랑의 실체를 제대로 본 사람은 이 세상에 아무도 없다. 어떤 사람들은 사랑의 존재를 부정한다. 하지만 그것은 크나큰 잘못이다. 왜냐하면 눈으로 확인할 수 없어도 사랑은 이 세상에 여전히 존재하기 때문이다.

모든 시대에 걸쳐서 천재적인 시인들과 작가들은

끊임없이 사랑을 묘사하며 추구했다. 사랑이 없다면 어떤 예술이라도 아름다움은 존재하지 않았을 것이다. 사랑의 가치는 세상의 어떤 가치보다도 소중하며 아름답다. 그러나 사랑이 아름답고 소중한 만큼 우리의 판단을 흐리게 하고 눈을 멀게 만들기도 한다.

사랑은 유령처럼 그 모습을 드러내지 않는다. 스치는 바람처럼 자신의 느낌만을 우리에게 전할 뿐이다. 사랑은 눈으로 확실히 볼 수 없기에 사람들은 더욱더 사랑에 목말라한다. 또한 예술가들은 그 모습을 나타내려고 지금도 많은 노력을 기울이고 있다.

만일 사랑이 눈앞에 분명하게 드러내는 것이라면 가치가 높지 않을 것이다. 사랑은 실체가 없는 것이기에 귀중한 보석처럼 어느 곳에나 빛나고 있다.

강하면서도 위험한 사랑의 힘

사랑의 힘은 그 사랑을 가로막는 어떤 장애물도 물리칠 수 있다. 사랑의 힘은 목숨까지도 아낌없이 내던지는 용기를 발휘한다. 어떤 사람은 모든 열정과 시간을 바쳤음에도 사랑이 이루어지지 않으면 자신의 귀중한 목숨까지도 서슴없이 포기하는 안타까운 선택을 하여 사랑의 실패에 대한 보상을 받는다.

로미오와 줄리엣, 베르테르 같은 인물은 소설 속에서만 존재하는 것은 아니다. 그런 인물은 현실에도 존재한다. 우리는 방송이나 매스컴을 통해서 그런 사실을 알게 된다.

사랑을 위해 죽음을 선택하는 사람들은 이 세상을 조용히 떠난다. 그들의 마지막은 지역 공무원에 의해서 신속하고 쓸쓸하게 처리되고 만다. 그러나 그들이 신문이나 잡지 등을 통해서 남긴 고뇌의 흔적들은 그들의 이름이 세상에 사라지더라도 사랑이라는 이름으로 영원히 남게 된다.

사랑은 행복해지기 위해서
받아들이는 것

서로를 사랑하며 최고의 행복을 누리고 있다 확신하는 사람도 주위의 환경이나 주변 사람들의 반대에 부딪히게 되면 그들은 용감하게 사회의 악습을 끊어 버리지 못하고 주저앉는다.

그들은 사랑을 포기하고 그저 모든 굴욕을 달게 받으면서 살다가 인생을 조용히 마감하는 방법을 선택한다. 그러나 사랑의 완성은 죽음이 아니다. 죽음은 이 세상에서의 행복을 포기하는 일이라는 사실을 명심하라. 사랑은 우리가 행복해지기 위해서 우리가 받아들이는 것이다.

사랑의 가치는 너무나
크고 다양하다

　사랑은 항상 인류에게 새로운 과제였다. 지금까지 사랑에 대하여 가장 큰 관심을 기울였던 철학자는 플라톤이다. 플라톤은 '향연'과 '파이드로스'에서 사랑의 문제를 논하고 있다. 그러나 플라톤이 사랑의 문제에 대하여 말한 것은 신화와 우화, 그리고 비유 영역에서 벗어나지 못하고 있다. 루소도 '인간 불평등 기원론'이라는 책에서 사랑을 언급했다. 하지만 그의 견해는 오해의 여지가 많았다. 사랑에 대한 칸트의 이론은 '미와 숭고의 감정에 대해'에 정리되어 있다. 스피노자가 역설하는 사랑에 대한 정의는 매우 소박하면서도 강렬함을 준다. 그는 "연애는 외부적인 원인이 관념에 안겨주는 쾌락"이라 말한다.

사랑을 정확하게 정의할 수 있는 사람이 있을까? 그것은 후세에도 불가능할 것이다. 사랑의 가치는 너무나 크고 다양해 누구도 완전한 의미와 가치를 깨닫지 못할 것이기 때문이다.

사랑의 해로운 점

어떤 일에 열중하고 있는 사람이 사랑에 빠지게 되면 그 사람은 자신이 열중하고 있던 일을 너무나 쉽게 포기하고 사랑에만 열중하기도 한다. 사랑은 세상을 보는 지혜의 눈을 가리기도 하고 시끄러운 사건을 일으키는 원인이 되기도 한다.

사랑은 가까운 친구 사이의 의리와 우정도 쉽게 배반하게 만든다. 맹세도 사랑의 앞에서는 하찮은 것으로 변하며 튼튼한 사슬도 끊어진다.

사랑은 때때로 수많은 사람을 희생시키고 생명과
건강, 재산, 명예 등을 한순간에 빼앗기도 한다.

모든 연애의 궁극적 목적은
자기 존재의 회복이다

　사랑의 힘 앞에서는 버틸 수 있는 것은 아무것도 없다. 그런 커다란 힘을 지니고 있기에 사랑은 세상에서 가장 의미 있고 아름다운 것일 수 있다. 그러나 사랑은 한 사람의 인생을 망치게도 하고, 세상을 살아가는 데 가장 중요한 지혜와 의지를 꺾기도 한다. 어떤 이는 사랑을 얻는 대신에 자신의 소중한 그 무엇을 잃기도 한다.

사랑의 가치는 사랑에 빠진 사람들의 진지하고 열정적인 태도에서 발견할 수 있다. 모든 연애의 궁극적 목적은 자기 존재의 회복이라고 할 수 있다. 그 사랑의 끝이 희극이든 비극이든 사랑은 인생의 여러 목적 중에서 가장 엄숙하고 신중한 것이기 때문이다. 자기의 모든 존재가 달린 일이기에 우리는 사랑에 열중할 수밖에 없다.

사랑의 본능적인 목적은
서로를 닮은 후손을 만드는 것

모든 사건의 원인과 해결 방법은 언제나 우리 손에 달려 있다. 자신의 사랑을 무엇으로도 보상받지 못한 사람 중에는 상대를 육체만이라도 자기 것으로 만들려는 그릇된 욕망을 품게 된다. 상대방의 의견이나 기분을 고려하지 않고 결혼이나, 물질을 이용한 강압적인 관계, 혹은 폭력에 의한 관계 등이 그렇다.

우리가 비록 깨닫지 못하고 있다고 해도 사랑의 본능적인 목적은 서로를 닮은 후손을 만드는 것이다. 그렇게 하기 위한 전제는 육체적 접촉이다. 사랑의 과정에서 일어나는 다른 모든 일들은 부수적인 조건에 불과하다.

이런 견해를 순결하고 낭만적인 사랑을 나누고 있는 연인들은 반박할 수도 있다. 하지만 그것은 그들이 사랑의 본질을 깨닫지 못한 탓이다. 미래에 우리 뒤를 이어서 사랑을 나눌 후손들에 대해 생각하는 일은 연인들의 꿈이나 환상보다 더욱 중요하다.

사랑의 정열은
잠재적인 형태로 숨어 있다

개성은 다른 사람이 지니지 않은 자신만의 특별한 성격이다. 개성이 어디에서 기인하는가를 설명하는 것은 쉽지 않은 일이다. 그러나 사랑의 힘이라는 열쇠를 생각한다면 이 문제는 쉽게 해결된다.

사랑은 전혀 다른 개성을 지니고 있는 두 사람을 서로 끌어당긴다. 사랑의 정열은 누구에게나 잠재적인

형태로 숨어 있다. 그 정열이 외부로 드러날 때, 우리
는 사랑에 빠지게 된다.

  생명의 시발점은 연인이 사랑을 속삭이기 시작한
바로 그때부터 시작된다. 이런 사랑 속에서 태어난
생명의 개성은 두 사람이 만든 열정에 따라 독특하
게 생겨난다.

인간은 본능적으로
더 완벽해지기 위해 사랑을 한다

대부분의 강렬한 사랑은 두 사람이 느끼는 사랑의 기준이 일치하는 순간 이루어진다. 그러나 두 사람의 이상형이 모두 완벽하게 일치하는 경우는 거의 없다. 그런 이유로 남자는 자신에게 부족한 점을 가지고 있는 여자를 선택한다. 여자의 경우도 역시 마찬가지라고 할 수 있다. 우리 주위에서 정열적인 사랑을 쉽게 찾아보기 힘든 이유가 바로 여기에 있기 때문이다.

인간은 본능적으로 자신에게 부족한 점을 채워 더 완벽해지려는 욕구를 지니고 있다. 그리고 그 욕구는 사랑을 할 때 확연하게 드러난다. 자신에게 부족한 특성을 가진 사람을 본능적으로 찾게 되는 것이다. 그런 사람이 나타났을 때 우리는 상대를 정열적으로 사랑하게 된다.

그러나 이상형이라고 생각했던 사람을 만나도 정열적으로 사랑할 수 없는 경우가 있다. 그것은 그 사람의 이성과 감정이 불일치를 이루었기 때문이다. 사랑은 이성보다 감정이 이끄는 대로 시작된다.

가장 완벽한 사랑은
정열적인 사랑이다

정열적인 사랑을 할 수 있는 가능성은 누구에게나 존재한다. 그리고 이런 사랑이야말로 가장 완벽한 사랑이다. 위대한 시인이나 소설가의 작품에 나오는 정열적인 사랑 이야기를 보고 감동하는 이유는 완벽한 사랑이기 때문이다.

그러나 건강한 몸과 올바른 마음을 가진 연인이

서로 잘 어울리는 감정과 성격으로 이해하고 아낀다고 해도 그저 여기에만 그친다면 열정적인 사랑은 일어나기 힘들다.

사랑은 우정과 같지 않다. 비슷한 성격과 감성을 가진 사람들은 좋은 친구가 될 수 있다. 그러나 사랑에는 정열이 있어야 한다. 서로가 정열이 없다면 아무리 잘 어울리는 사이라도 사랑이 생겨날 수 없다.

서로 성격이 어울리지 않더라도 사랑이 성립되는 경우는 있다. 그러나 정열이 없다면 아무리 잘 어울린다고 하더라도 사랑이 싹트지 않는다. 서로 성격이 어울리지 않더라도 사랑이 싹트는 경우는 정열이 그 두 사람을 맹목적으로 눈을 멀게 만들기 때문이다.

세상에서 가장 달콤한 것은 사랑이다

이 세상에서 사랑만큼 달콤한 것은 없다. 사랑 다음으로 달콤한 것은 아이러니하게도 증오다. 하지만 증오는 시간이 지나면 사라질 수 있지만 사랑은 영원하다. 증오를 증오로 갚으려 한다면 그 증오는 끝내 풀리지 않는다. 증오는 그 감정을 잊어야만 풀리게 된다. 증오의 불씨를 마음속에서 억누르면 그 증오는 더욱 맹렬한 기세로 타오르기 때문이다.

사랑은 이성이 아닌
감성에 의해서 만들어진다

어떤 연인을 보면 남자는 우악스럽고 억세지만, 여자는 교양 있고 고상하며 사고력이 풍부하고 우아한 경우가 있다. 반대로 어떤 연인은 남자는 꼼꼼하고 차분한 성격이지만, 여자는 단순하고 덤벙거리는 경우도 있다. 이렇게 다른 성격의 사람이 연인으로 만날 수 있는 것은 사랑 때문에 가능한 일이다.

사랑은 이성이 아니라 감정에 의해 만들어지는 것이다. 전혀 어울릴 것처럼 보이지 않는 사람들이 사랑을 하는 일. 이성적으로는 납득이 안 되는 환경의 사람끼리 서로를 아끼는 일. 그것은 사랑이 우리에게 보여주는 위대한 선물이며 기쁨이다.

우리의 생존방식과
밀접한 관계가 있는 사랑

사랑은 우리 생존방식과 밀접한 관련이 있다. 미래의 후손을 만들고자 하는 우리의 본능은 사랑하는 사람에 대한 찬미라는 구름 안에서 진정한 모습을 감추어 버린다. 연인에 대한 찬사가 아무리 훌륭해도 그 찬사의 최종 목적은 우리의 후손을 만들어내는 일이라는 사실을 명심하라.

사랑은 다른 관계에 비해 이기적이며 육체적이다. 이러한 사랑은 타인을 생각하는 동시에 자신의 이기심을 앞세우는 성격을 가진다. 따라서 사랑에는 끊임없는 확인 작업이 필요하다. 사랑은 서로를 바라보면서 의식하고 내가 주는 만큼 받는 것이 있어야 유지될 수 있다.

우리의 생명이 가지고 있는 유한성은 후손을 통해 극복될 수 있다. 생명에 대한 본능적인 의지가 이러한 것을 가능하게 만든다. 생명의 유전에 대한 본능은 결코 포기할 수 없는 것이다. 이렇게 해서 태어나는 후손은 부모로부터 성격과 재능을 물려받게 된다. 그래서 우리의 생명은 후손을 통해 지속된다. 그러나 이보다 먼저 해야 할 것은 사랑의 진정한 목적을 인식하는 것이다.

진정한 사랑의 가치를 인식하지 못한 채 뜨거운 정열과 무책임한 성적 욕구만을 추구한다면 그 사랑은 공허와 후회만을 남기게 될 것이다. 사랑을 올바르게 이해하기 위한 첫째 작업은 사랑과 애정의 진정한 주인은 지금 이 순간에는 존재하지 않지만 나중에 태어날 다음 세대라는 사실을 인식하는 일이다. 그리고 그 후손이야말로 사랑의 진정한 목적이 된다. 이런 의식을 가지고 있다면 우리는 더 숭고하고 정결한 마음으로 서로를 아끼고 사랑할 수 있을 것이다.

사랑은 인간의 이상인
동시에 현실이다

플라톤은 변하는 일 없이 항상 동일하게 머무는 영원한 것을 이데아라고 불렀다. 생명은 어떤 의미에서 플라톤이 주장한 이데아의 세계에 깃들어 있다. 연인이 미래의 부모가 되기 위해 노력하는 과정은 인간이 가진 독특한 이데아의 세계가 현실에 나타나기 위해 노력하는 것이다.

사랑은 수많은 모습을 하고 나타난다. 슬픔과 환희, 고통과 즐거움, 천국과 지옥의 경험을 동시에 할 수 있는 것이 바로 사랑이다. 그러나 사랑의 본질은 언제 어디서나 동일하다. 사랑은 우리에게 기쁨과 혼란을 동시에 주면서 우리의 주변을 맴돌고 있다. 사랑은 인간의 이상인 동시에 현실이다.

사랑은 현실에 나타나 발현되기를 기다리고 있다. 그리고 그것이 두 사람 사이의 눈빛을 통해 움직이기 시작할 때 그들의 가슴에 사랑의 본질이 싹튼다. 그 사랑의 본질은 생명이며 이것은 영원히 변하지 않는다.

사랑할 때 감성은 이성보다
월등하게 작용한다

대부분의 열렬한 사랑은 첫눈에 무르익는다. 자신이 사랑하는 사람을 다른 사람에게 빼앗기거나 사랑하는 사람과 헤어졌을 때 견딜 수 없을 정도로 심한 괴로움을 겪는 것은 그 고통이 그 누구도 상상할 수 없는 힘을 지니고 있기 때문이다. 다른 어떤 희생보다도 사랑하는 사람을 단념하는 것은 견디기 힘든 고통이다.

슬픔에 잠기는 것이 부끄러운 일이라고 생각하는 사람도 사랑의 슬픔만큼은 억제하지 못한다. 어떤 사람은 사랑을 위해 자신의 인생을 포기하기도 한다. 사랑은 이 세상의 다른 어떤 가치보다도 귀중한 것이기 때문이다.

사랑은 불가능한 것을
가능하게 한다

사랑은 불가능하다고 믿던 일을 가능하게 만드는 기적의 힘을 가지고 있다. 그 기적이 현실로 우리 눈 앞에 펼쳐질 때 우리는 감동의 눈물을 흘린다. 사랑의 힘으로 역경을 극복한 사람들을 보면서 우리가 미소 짓는 이유는 사랑이 우리에게 보여준 위대한 감동과 힘에 의한 것이다.

사랑은 우리를 지배하는 영원한 폭군이다. 어떤 사람을 깊이 사랑하면서 동시에 그 사람을 존경하는 일은 거의 불가능하다. 그러므로 우리는 다른 사람의 사랑을 받기 위해 노력할 것인가, 아니면 다른 사람의 존경을 받기 위해 노력할 것인가를 선택해야 한다.

아름다움을 추구하는 것은
인간의 본능이다

아름다움을 추구하는 것은 사랑을 하는 인간의 본능이다. 모든 사람은 자기의 특성과 어울리는 사람을 만나기 위해 노력한다. 만약 꿈에 그리던 이상형이 눈앞에 나타나면 그 사람은 즉시 사랑에 빠지게 된다. 사랑에 빠진 사람은 그 사람을 얻기 위해서라면, 어떤 무리한 행동도 마다하지 않는다.

그들은 때때로 자신의 삶을 망쳐 버리는 무모한 사랑도 망설이지 않는다. 사랑에 빠진 사람들은 주위 시선이나 질책에 주의를 기울이지 않는다. 사랑에 빠진 사람에게 세상은 자신과 사랑하는 사람만이 존재하는 아름다운 낙원이라 느끼고 타인은 성가신 방해물로 생각하기 때문이다. 그러나 시간이 흘러 사랑이 지나가면 비로소 깨닫게 된다. 사랑이 그에게 씌웠던 자욱한 안개의 의미와 비극을.

사랑의 감정은 본능에 따라 움직이는 경우가 많다. 우리는 사랑을 하기에 앞서, 자신에게 부족한 면이 상대방에게 있는지 세밀하게 검토하는 작업을 해야만 한다. 열렬한 사랑의 토대는 이러한 과정을 통해 만들어진다.

사랑은 외부를 향해
스스로를 개방하는 것이다

사랑이 뜻대로 이루어지지 않으면 아무리 값진 물건들도 모두 보잘것없게 느껴진다. 더 나아가 심각한 사람들은 자신의 목숨까지도 구차하게 여긴다. 사랑을 얻기 위해서 어떤 종류의 희생도 두려워하지 않으며 사랑의 고통으로 방황하고 여러 소동을 벌이기도 한다. 열렬한 사랑에 빠진 사람은 사랑하는 사람이 자기에게 냉정하게 대하면 어떤 방법을 써서라도 사랑하는 사람이 다시 자기를 사랑하도록 만들고 싶어 한다. 이런 사람은 이루어질 수 없는 사랑의 무거운 사슬을 운명으로 받아들인다. 그 사람은 단 한 순간의 사랑을 위하여 자기의 모든 행복을 한꺼번에 버리는 일도 망설이지 않는다. 사랑은 이렇게 사납고 반항적이며 잔인하고 변덕스러운 성격도 가지고 있다.

사랑은 외부를 향해 스스로를 개방하는 것이다. 나에게 밀려오는 것, 내가 맞이해야 하는 것들을 받아들이는 일이 사랑이다. 그러나 두려움 때문에 사랑의 땅에서 도피하는 사람들이 있다. 사랑에 빠질 수 있다는 것은 우리의 신성한 권리이다. 평소에는 소심하고 비겁한 사람조차도 사랑하는 사람이 위험에 처하면 모든 위험과 압력을 극복하고 용기를 내게 된다. 우리가 취해야 할 삶의 자세는 다른 사람을 나의 방식대로 조정하는 것이 아니라, 나 자신의 삶을 건전하게 발전시키는 것이다.

사랑하는 사람을
포기하지 못할 때

우리는 시나 소설에서 연인이 사랑을 지키기 위해
부모나 주변의 방해를 극복하는 것을 보면 커다란
흥미와 공감을 불러일으킨다. 사랑을 위해 고난을
극복하는 과정은 다른 어떤 일보다 고귀하고 값진
것이기 때문이다. 그런 이유로 거의 모든 시나 소설
에서 기본적인 주제로 삼고 있는 것이 사랑하는 연
인이 행복을 위협당하는 상황이다. 그리고 대부분
의 시나 소설 속 연인의 사랑은 비극이 아니라 더욱

아름답게 피어나는 것으로 묘사된다.

그러나 현실에서 인간은 사랑이라는 위대함을 받아들이기에는 너무나 작고 연약하다. 그렇기 때문에 사랑에 지친 사람 중에 많은 이들이 그들의 인생을 망치기도 한다. 그러나 이러한 비극은 이루어지지 못한 사랑에 의해 생기는 것이 아니다. 이루어진 사랑도 불행을 초래하는 경우가 있다. 왜냐하면 사랑은 현실적인 조건이나 미래의 계획을 외면한 환상에 가깝기 때문이다.

연인으로 맞이할 사람의 기질이나 성격이 자기와 어울리지 않는다는 사실을 알면서도 그 사람을 단념하지 못하는 경우가 있다. 사랑하는 사람을 단념하지 못하는 사람은 집착과 고통 속에서 방황하게 된다. 여기에는 이성적 판단도 무용지물이 되어 버린다. 사랑에 빠진 사람에게는 자기가 지금 사랑하고 있다는 사실보다 중요한 것은 없기 때문이다.

과거의 행복했던 순간들을 기억하고 그 기억을 오랫동안 음미할 수 있다는 사실은 대단히 경이로운 인간의 능력이다. 하지만 인간은 망각이라는 또 다른 경이로운 능력이 있다. 당장은 가슴이 시리고 아프지만 사랑하는 사람을 포기해야 한다면 잊고 자신의 행복을 찾아야 한다.

사랑을 받을지,
존경을 받을지 선택해라

인생을 살면서 여러 사람으로부터 사랑받고 존경을 받는다면 이는 더없는 기쁨이 될 것이다. 사랑은 받더라도 존경을 받지 못하는 경우도 있고, 존경은 받지만 사랑을 받지 못하는 경우도 있다. 그래서 사랑과 존경을 동시에 받는다는 것은 매우 행복하다는 것은 분명하다. 그러나 사랑과 존경을 동시에 받기란 쉽지 않다.

라 로슈푸코는 "존경하는 동시에 몹시 사랑하는 것은 어렵다"라는 말을 남겼다. 그의 말은 아주 타당하다. 따라서 우리는 다른 이들의 사랑을 받을 것인지 아니면 존경을 받을 것인지 둘 중 하나를 선택해야만 한다.

인간의 존경은 사랑과는 반대의 것이다. 존경은 객관적인 평가에 따른 것이라 존경을 받으면 내적으로 훨씬 더 큰 만족을 느낀다. 이에 반해 사랑은 매우 주관적이다. 물론 둘 중에서 사랑이 우리에게 더욱더 유용하다.

아름다운 인생의 황혼을 위하여

젊은 시절은 통찰력과 상상력에서 뛰어난 시기이고,

노년 시절은 통합력과 분별력에서 뛰어난 시기이다.

나이가 들수록
추억이 짧아지는 이유

나이가 들어 자신이 이제껏 살아온 인생을 되돌아보면 그토록 짧아 보이는 것일까? 추억할 거리가 별로 없어 기억이 짧아지기 때문에 인생도 짧아 보이는 것이다. 즉 사소하고 중요하지 않은 일과 불쾌했던 일이 기억에서 전부 빠져나가버려 남아 있는 것이 별로 없게 된다.

우리의 기억력은 매우 불안정하다. 배운 것은 실행하고 지나간 것은 다시 떠올려야만 우리의 기억이 망각의 심연에 가라앉지 않는다. 하지만 우리는 중요하지 않거나 불쾌한 일은 다시 떠올리지 않는 것이 일반적이다. 그리고 사소하고 중요하지 않은 것들이 계속 무수히 반복되면, 처음에는 우리에게 중요해 보였던 많은 일들이 점차 중요하지 않게 된다. 젊은 시절의 일을 나이가 들어서 일어난 일보다 더 잘 기억하는 것은 바로 그런 이유 때문이다. 그래서 우리는 나이가 들수록, 시간이 지나도 다시 추억할 가치가 있다 여겨지는 일이 더 적어진다.

인생의 사건들이나 일은 시간이 지나버리면 곧 잊어버린다. 이렇게 시간은 계속 흘러가고 점점 흔적은 사라지는 것이다. 게다가 우리는 불쾌한 경험이나 사건을 다시 떠올리는 것을 좋아하지 않는다. 그것이 우리의 허영심을 다치게 하는 것이라면 더욱 그렇다. 나의 실수나 치부가 드러나 사람들에게서

망신을 샀던 경우를 생각해보자. 얼굴이 빨개지고 다시는 그런 일을 겪고 싶지 않다는 생각에, 얼른 고개를 흔들어 그것을 잊으려고 애써본 경험이 누구에게나 있었을 것이다. 그렇게 대부분의 불쾌한 사건들은 우리의 허영심을 다치게 하는 것이라서 우리는 무의식적으로 그것들을 잊으려고 노력한다.

우리가 나이를 먹으면서 경험이 늘어날수록 중요하지 않게 된 일이 늘어난 경험만큼 잘려 나가고 불쾌했던 기억이 역시 잘려 나간다. 이러한 두 가지 방식으로 추억이 잘려져 나가기 때문에 나이가 들수록 추억이 짧아진다.

청년기가 슬프고 불행한 이유

노년기에 비해 많은 장점이 있는 청년기가 슬프고 불행한 이유는 반드시 행복을 잡아야 한다는 강박 관념에 사로잡혀 있기 때문이다. 그래서 끝없는 불만과 실망이 생겨나는 것이다.

행복이란 그림자는 늘 이상적인 모습으로 눈앞에서 어른거릴 뿐, 뚜렷한 모습을 드러내지 않는다. 그래서 청년기에는 자신의 처지와 환경이 어떻든 간에 대체로 불만에 가득 차 있다. 그러다 시간이 흘러 인생은 기대하는 것과 전혀 다르게 공허와 결핍이 존재한다는 걸 알게 된다.

따라서 일찍부터 이러한 것들 누군가에게 배우거나, 스스로 깨달으면 세상에서 많은 것을 얻을 수 있다는 망상을 갖지 않고 청년기를 슬프고 불행하지 않게 보낼 수 있을 것이다.

서른여섯 살까지는
건강의 이자로 살아가는 우리

서른여섯 살까지 우리는 건강이라는 면에서 그 건강의 이자로 살아간다. 오늘의 활기찬 힘이 다 떨어진다 하더라도 내일이면 다시 생긴다. 이는 이자를 원금에 더하는 사람과도 같다. 지출한 원금이 저절로 복귀되는 것뿐 아니라 이자도 조금씩 붙어 점점 자본금이 불어나는 것이다. 하지만 서른여섯이 지난 이후부터는 자신이 모아둔 재산을 조금씩 파먹기 시작하는 연금 수급자의 생활과 같아진다.

처음에는 이러한 변화와 문제가 전혀 눈에 띄지 않는다. 지출한 재산의 대부분이 늘 스스로 채워지기 때문이다. 이때 생기는 사소한 적자는 무시할 수 있을 정도이다. 하지만 이러한 적자가 점점 증가하고 늘어나게 되며, 적자가 생기는 크기도 하루가 다르게 매일 증가한다. 점점 그 속도가 빨라지고 이러한 상황을 멈출 희망은 그 어디에도 보이지 않는다. 결국 아무것도 남지 않게 된다. 건강과 함께 재산이 실제로 눈 녹듯 사라지기 시작하는 경우는 참으로 슬픈 일이다. 나이가 들면서 소유욕이 강해지는 것은 바로 이런 이유 때문이다.

아, 행복한 청춘이여! 아, 슬픈 노년이여! 우리는 청춘의 힘을 아껴야만 한다.

세계관은 본질적으로
변하지 않는다

인간은 경험과 인식을 바탕으로 자신만의 세계관을 이루게 된다. 언제나 의식하는 것은 아니라 해도, 인생을 살면서 인식하고 경험하는 모든 것은 이렇게 만들어진 세계관에 영향을 받게 된다. 대부분 어린 시절에 세계관을 이루는 토대가 형성되고, 세계관의 폭이나 깊이도 형성된다. 세계관은 나중에 내용이 더해져 완성되지만 본질적으로는 변하지 않는다.

수놓아진 천의 이면을 보라

젊을 때는 인생에 중요한 일이나 인물이 내 앞에 요란하게 등장한다고 생각하지만, 나이가 들면 그런 인물이나 일은 거의 눈에 띄지 않을 정도로 조용히 뒷문으로 슬쩍 들어왔다는 사실을 알게 된다. 인생은 수놓아진 천에 비유할 수 있다. 인생의 전반기에는 누구나 자수의 겉면만 보지만, 노년기에는 그 이면을 보게 된다. 수놓아진 천의 이면은 그다지 아름답진 않지만 실이 어떻게 꿰매져 있는지를 알 수 있다.

호감을 주는 시기가
왜 사람마다 다른가

　어떤 사람은 청년기에 많은 호감을 사다가 금방 사그라진다. 또 어떤 사람은 중년기에 힘차고 활동적인 모습을 보이다가 노년에는 시들어 버린다. 그런데 어떤 사람은 노년에 더욱 의연하고 온화해져 젊을 때보다 더 호감을 주는 사람도 있다. 이렇게 호감을 주는 시기가 사람마다 다른 이유는 인간의 성격 자체에 청년기적 요소, 중년기적 요소, 노년기적 요소가 따로 있어서, 각각의 나이가 이러한 요소와 일치하기도 하고, 반대 작용을 하기도 하기 때문이다.

세상에서 얻을 수 있는 것은
없음을 깨닫는 인생 후반기

인생의 전반기는 행복이 충족되지 않는 것에 대한 갈망이라면, 인생의 후반기는 불행에 대한 두려움이다. 인생의 후반기가 되면 '모든 행복은 공상과도 같지만 고통은 실제로 존재한다'는 인식이 어느 정도 분명해지기 때문이다. 그렇기에 이성적인 사람들이라면 인생 후반기에 즐거움보다는 고통이 없는 안정적인 상태를 추구한다.

그래서 인생의 후반기에는 음악의 후반부와 마찬가지로 힘들여 애쓰는 일은 줄어들고 전반부에 비해 안주하려는 경향이 있다. 젊은 시절에는 세상에서 어떤 큰 행복과 즐거움을 찾는 일이 어렵다고 생각하지만, 나이가 들어서는 세상에서 얻을 수 있는 것은 아무것도 없다는 점을 깨닫고 이제는 그러한 생각을 완전히 초월하는 것이다. 그래서 나이가 들면 안정적이고 그런대로 견딜 수 있는 현재를 즐기며, 심지어는 아주 사소한 일에서도 기쁨을 느끼는 것이다.

열정이 행복을 가져올 수 없기에
노년기의 삶은 슬프지 않다

보통 젊은 시절을 인생에서 가장 아름답고 행복한 시간으로, 노년기는 쓸쓸하고 슬픈 시간이라고 부른다. 열정이 반드시 행복을 가져온다면 이러한 표현은 어느 정도 일리가 있다. 그러나 젊은 시절에는 열정 때문에 이리저리 끌려다니며, 기쁨은 적고 고통은 크다. 하지만 차가운 노년기가 되면 열정은 그들을 내버려둔다. 대신 노년기의 삶은 명상의 손길을 얻는다. 인식이 자유로워지고 우월적인 위치를 차지

하기 때문이다. 반드시 행복해야 한다는 갈망을 추구하기 위한 열정을 내려놓고 여유가 생긴 인간은 아이러니하게도 더욱 행복해진다.

　열정이 반드시 행복을 가져올 수 없고 어느 특정한 쾌락을 경험하지 못했다고 해서 노년을 한탄할 필요가 없다는 사실을 이해하기 위해서는 '모든 쾌락은 즐거움과 더 큰 고통이 함께한다'라는 사실을 염두에 두어야 한다. 모든 즐거움이란 그저 어떤 욕구를 만족시키는 것이다. 욕구가 충족되면 더 이상 즐거움도 없어진다는 사실은 마치 식사를 한 후에는 더 이상 먹을 수 없는 것과 같고, 잠을 푹 자고 난 뒤에는 잠이 오지 않는 것과 같다.

나이에 따라 분위기가 달라진다

과거와 미래도 중요하지만, 우리에게 가장 중요한 것은 현재이다. 그런데 같은 현재이면서도 다른 점은 젊은 시절에는 우리 눈앞에 긴 미래가 펼쳐져 있지만 인생의 마지막이 되면 긴 과거가 우리 뒤에 있다는 사실이다. 그리고 우리의 성격은 변하지 않지만, 기질은 변화를 겪으며 그때마다 현재의 분위기가 달라진다.

예를 들어 유년기에는 사람과의 관계가 별로 없고 욕구도 강하지 않아 큰 자극을 받지 않는다. 그래서 세상에 존재하는 대부분 것을 인식하는 데 몰두하게 된다. 이미 일곱 살에 완전한 크기에 도달하는 뇌와 마찬가지로 지성 또한 일찍 발달하여, 아직 성숙하지는 않더라도 세상에서 끊임없이 자양분을 얻으려고 한다. 유년기의 세계에는 모든 것이 신기한 매력으로 채색되어 있다. 유년 시절이 시적인 분위기를 띠는 것은 그 때문이다.

경험과 성숙함을 대신하는 건 없다

지식이나 논리가 매우 뛰어난 사람도 상대방과 대화에서 결정적인 우세를 점하려면 적어도 마흔 살은 되어야 한다. 지식이나 논리가 뛰어나면 연륜의 성숙함과 경험의 결실을 능가할 수 있을지는 몰라도 대신할 수는 없다. 그래서 지식이나 논리가 평범한 사람도 연륜의 성숙함과 경험의 결실이 많으면 지식이나 논리가 뛰어난 사람을 대화에서 압도할 수가 있다.

노년기에 걸작이 탄생하는 이유

청년기에 얻는 지식은 대부분 불완전하고 단편적인 것에 불과하다. 하지만 나이가 들면 인생의 자연스러운 과정을 알게 되고, 젊었을 때와 달리 인생을 시작점에서뿐만 아니라 끝에서도 굽어봄으로써 그 무상함을 완전히 인식하기 때문에, 완전하고도 적당한 성찰을 얻게 된다. 청년기에는 창의력이 뛰어나므로 얼마 안 되는 지식으로도 많은 것을 만들어 낼 수가 있는 반면, 노년기에는 판단력과 성찰이 뛰어나다.

따라서 청년기에 이미 독자적인 인식과 독창적인 견해를 모아 두었다 하더라도, 나이가 들어서야 비로소 자신이 지닌 것들을 자유자재로 다룰 수가 있다. 대부분의 뛰어난 문필가들이 쉰 살 전후에 걸작을 발표하는 것도 그 때문이다.

인생의 일부인 하루를 위한
최선의 선택을 하라

우리 앞에 펼쳐진 하루하루는 새롭고 신선하다. 그 시간들은 우리가 지금 당장 자신을 위해 사용할 수 있는 시간이다. 우리는 깨끗하고 순수한 마음으로 그 시간을 맞이할 수도 있으며 과거의 상처와 원한, 두려움으로 하루를 보낼 수도 있다. 그 선택은 바로 우리가 하는 것이다.

살아가면서 우리는 수많은 선택을 한다. 그러나 우리는 그 선택의 순간들을 일상화된 습관에 따라 행동해 버리고 만다. 그러나 생각해 보라. 지금 당신에게 벌어지고 있는 일들이 얼마나 많은 선택에 의해 이루어지고 있는가를.

평정심은 행복한 노년의
필수 조건이다

청년기는 고난의 시기이고, 노년기는 휴식의 시기
이다.

청년기에는 눈앞에 보이는 온갖 물건을 가지고 싶
은 욕심에 먼 곳으로 손을 뻗어 잡으려 한다. 너무
나 젊고 활기차고 어리기 때문에 이러한 사물에 쉽
게 자극을 받기 때문이다. 젊은 시절에는 다채로운

세계와 다양한 형태에 큰 매력을 느낀다. 그리고 이를 통해 생긴 상상력은 세상이 줄 수 있는 것보다 더 많은 것을 만들어낸다. 그래서 청년기에는 막연한 것에 대한 욕구와 갈망으로 가득 차 있다. 하지만 이러한 것들은 행복에 가장 중요한 마음의 평온을 빼앗아 가버린다.

하지만 노년기에는 모든 것이 안정적이다. 우리 몸에 있는 감각 기관의 예민함이 줄어들었기 때문이기도 하다. 그러나 부분적으로는 경험으로 인해 사물의 가치나 쾌락의 내용을 정확하게 알게 되어 청년기에 사물의 가치에 대한 견해를 가리고 왜곡시켰던 환상이나 망상, 편견에서 벗어났기 때문이다. 이제는 모든 것을 예전보다 더 정확하고 더 명확하게 인식하고, 있는 그대로 받아들이며, 또한 어느 정도는 세상 모든 것의 올바름을 이해하게 된다. 거의 모든 노인, 심지어 평범한 인생을 살아온 사람조차 어느 정도는 지혜롭다는 인상을 주어 젊은 사람들과 구별되는 겉모습, 지혜로워 보이는 모습을 갖게 되는 것은 바로 이런 이유 때문이다.

이러한 것들은 노년기에 정서적 안정을 가져온다. 평정심은 행복의 커다란 한 부분이며, 노년기 행복의 필수 조건이자 본질적인 요소이다.

세상을 떠나는 순간을
두려워할 필요는 없다

주변 사람 중 아무것도 안 배우려 하면서 모든 걸 알고 싶어 하는 어느 한 사람에게 죽음 이후의 세계에 관해 묻는다면, 그가 생각하는 가장 적절하고 올바른 대답은 바로 이것일 거다. "당신이 죽게 된다면 태어나기 이전의 상태로 되돌아갈 것이다." 이런 대답을 하는 사람들은 '시작이라는 처음이 존재하는 영혼들은 그 끝이 없어야 한다'라는 왜곡된 인식을 가졌다는 걸 암시한다.

우리는 이들의 생각을 다음과 같이 대답할 수 있다. "당신이 죽은 뒤에 당신이 무엇이 되든 간에 (설사 그것이 아무것도 아닌 것이라 하더라도) 당신의 개인적인 존재는 유기체의 존재처럼 자연스럽고 적절한 존재로 남을 것이다. 그러니까 기껏해야 세상을 떠나는 순간을 굳이 두려워할 필요는 없다." 그렇다. 이 문제를 잘 생각해 보면 생존보다 비(非)생존이 더 나을지도 모른다. 그러므로 우리 존재가 언젠가 사라질 거라는 생각이나, 우리가 더 이상 존재하지 않을 미래 때문에 슬퍼할 이유는 없다. 그것은 우리가 애당초 존재하지 않았을지도 모른다는 이유로 슬퍼하지 않는 것과 마찬가지다.

죽음에 대한 두려움을 느끼지 말고
하루하루를 살아가라

현재는 객관적인 면과 주관적인 면, 이렇게 두 부분으로 이루어져 있다. 객관적인 현재는 시간이라는 직관의 형태를 가지고 있으므로 멈출 수 없이 계속 굴러간다. 주관적 현재는 확고해 늘 동일하게 고정되어 있다. 우리가 지나간 시간을 생생하게 기억하는 것, 그리고 존재의 덧없음을 인식하면서도 우리의 불멸을 의식하는 것은 그 때문이다.

그 누구라도 우리가 살아 있는 한 자신의 가장 깊은 내면에 주관적인 현재가 있다고 생각한다. 따라서 우리는 항상 우리의 의식을 시간의 중심에 두고 마지막을 생각하지 않으며, '모든 사람이 내면에 무한한 시간 속에서 흔들리지 않는 중심점을 지니고 있다'는 결론을 내릴 수 있다. 이것은 인간이 죽음에 대한 두려움을 느끼지 않고 하루하루를 살아갈 수 있는 자신감을 주기도 한다. 현재가 우리 내면에 그 근원이 있다는 것, 그렇기에 외부가 아니라 내부에서 그 원천이 생겨난다는 것을 깨닫게 된 사람은 '자신의 존재가 파괴되지 않는다'는 사실을 의심하지 않고 믿는다. 오히려 그런 이는 '자신이 죽을 때 객관적 세계와 그것을 표현하는 매체인 지성이 그와 함께 소멸하지만 이것이 그의 존재에는 어떤 영향을 끼치지 않는다'는 것을 이해할 것이다. 그는 그러한 사실을 잘 이해하고 이렇게 말할 것이다. "나는 전에 존재했고, 지금 존재하고, 앞으로도 존재할 모든 것이다."(스토바에오스, 〈사화집〉)

183

인간은 생명을 가진
껍데기가 아닌 그 어떤 것이다

사람들은 누구나 자신이 다른 사람에 의해 무에서 창조된 존재가 아닌 다른 존재라고 느낀다. 이것은 죽음이 삶을 끝낼 수는 있지만 존재는 끝낼 수 없다는 확신을 준다. 인간은 생명을 가진 껍데기가 아닌 그 어떤 것이다. 그리고 그것은 동물도 마찬가지이다.

자신의 존재가 현재의 삶에 국한되어 있다고 생각하는 사람은 자신을 생명력이 있는 껍데기라고 여긴다. 이러한 사람은 30년 전에 아무것도 아니었고, 30년이 지난 후 역시 아무것도 아니다.

인생의 장면은
거친 모자이크 그림과 같다

우리 인생의 장면은 거친 모자이크 그림과도 같다. 가까이 가서 바라보면 어떤 감흥도 느끼지 못하지만, 멀리 떨어져서 보면 그 아름다움을 볼 수 있다. 그래서 간절하게 원하던 것을 막상 얻게 되면 그것이 헛되다는 것을 알게 되어 우리는 항상 더 나은 것을 기대하고, 동시에 과거에 지나간 것을 후회하며 그리워한다. 반면에 현재는 당분간 일시적인 것으로 받아들일 뿐, 목표를 향한 길 이외의 다른 것으로 여기지 않는다.

　그렇기 때문에 대부분의 사람은 인생의 마지막에 이르러서야 자신이 한평생 일시적인 삶을 살아왔음을 알게 된다. 사람들은 그렇게 그다지 주목하지 않고, 즐겁게 즐기지도 않고, 무심하게 지나쳐 보내 버린 것이 바로 기대에 차서 살아왔던 자신의 삶이라는 것을 깨닫고 놀라워할 것이다. 그래서 보통 인간의 삶의 행적은 희망에 속아서 죽음을 두 팔로 껴안고 춤을 추는 것이다.

"나는 인생을 견뎌냈다"라는 말이
아주 멋진 표현인 이유

태양 아래서 일어나는 모든 종류의 괴로움, 고통, 불행 등을 계산하는 것이 얼추 가능하다고 한다면, 그 총합을 대략 상상했을 때 지구가 생명이 살 수 없는 상태로 있는 편이 훨씬 더 나을 것이라는 말을 인정할 것이다.

우리의 인생은 무(無)라는 축복받은 고요한 상태

를 불필요하게 방해하는 사소한 일의 연속이다. 어쨌든 인생을 그럭저럭 참을 만하다고 느낀 사람들조차 오래 살수록 그것이 전반적으로 실망과 속임수, 기만, 혹은 독일어로 표현하자면 사기까지는 아니더라도 커다란 기만의 성격이라는 것을 더욱 분명하게 깨닫게 된다.

어린 시절의 두 친구가 평생 떨어져 살다가 노인이 되어 다시 만나게 된다면, 그들은 서로의 모습을 보며 예전의 기억을 떠올리고는 인생 전체에 후회와 실망을 느낄 것이다. 한때 그들의 인생은 청춘의 장밋빛 아침햇살을 받아 그들 앞에 너무나 아름답게 펼쳐져 있었으며, 많은 것들을 약속했고, 자신만만했었다. 그들은 서로 다시 만나 이러한 과거의 감정에 강하게 지배되어 자신의 인생을 말로 표현할 생각도 하지 않을 것이다. 과거에 너무 많은 것이 약속되어 있었으나 현재는 너무나 적게 이루어졌기 때문이다. 그러한 것을 암묵적으로 전제하고 이러한 배경 위에서 자신의 인생에 대해 계속 말할 것이다.

자손의 2세대 또는 3세대의 인생까지 바라보는 사람은 박람회가 열리는 내내 노점에 계속 자리를 잡고 앉아 각종 곡예사의 공연을 두세 번 잇따라 되풀이해서 바라보는 구경꾼과도 같은 기분이 들 것이다. 말하자면 그런 공연은 단 한 번만 보는 이들을 위한 공연으로 벌이는 것이기 때문에 속임수나 신기함이 사라진 후에는 아무런 효과를 거두지 못하는 것이다.

인생이란 어떻게 해서든 마무리해야 하는 어려운 과업과도 같다. 이러한 의미에서 볼 때 "나는 인생을 견뎌냈다"라는 말은 아주 멋진 표현이다.

정신을 가꾸지 않은
사람만이 무료해진다

흔히 사람들은 질병과 무료함이 노년기의 숙명이라고 말한다. 하지만 질병이 노년기의 본질은 아니다. 특히 장수하는 경우에는 더 그렇다. 나이가 들수록 건강과 병이 같이 커지기 때문이다. 그리고 노년기는 청년기보다 무료함에 빠질 위험이 더 적다. 노년기에는 물론 고독해지기는 하지만, 고독에 무료함이 반드시 따르는 것은 아니다. 감각적이고 사교적인 향락만 즐겼던 사람, 정신을 가꾸지 않았던 사람

191

만 무료해질 뿐이다. 고령이 되면 정신력도 감퇴하지만 원래 풍부했던 사람은 무료함을 퇴치할 정도의 정신력은 아직 충분히 갖고 있다.

나이가 들수록 경험과 성숙함에 의한 올바른 통찰력은 커지고, 판단력은 날카로워지며, 모든 연관성이 명백히 파악된다. 그렇게 되면 축적된 인식으로 자신의 내적 도약에 힘쓰게 된다.

생존의 가치는
무엇으로 평가되는가

노년기에 이르면 세상사의 공허함과 온갖 부귀영화의 덧없음을 솔직하고 굳게 확신하게 된다. 환영이 사라지는 것이다. 세속의 잣대에 따른 큰 것과 작은 것, 고상한 것과 비천한 것의 차이를 더 이상 두지 않게 된다. 그럼으로써 마음의 평정을 얻어, 오히려 세상의 눈속임을 가소롭다는 듯 내려다본다.

노년기에 이르면 세상의 여러 풍파를 겪어 인생이란 겉만 번지르르한 싸구려 물건으로 아무리 요란하게 꾸며도 이내 본바탕을 드러낼 것이고, 어떻게 채색해도 본질적으로 같은 것임을 알게 된다. 생존의 참된 가치는 향락이나 부귀영화를 얼마나 누렸느냐가 아니라 고통이 얼마나 없었느냐로 평가할수 있을 뿐이다.

슬픈 일이 나쁜 것만은 아니다

나이가 들어갈수록 힘이 자꾸만 떨어지는 것은 물론 슬픈 일이지만, 그런 현상은 자연스러운 동시에 좋은 일이기도 하다. 죽음의 준비 작업으로 볼 수 있는 이런 현상이 일어나지 않으면 세상을 떠날 때 너무 힘들어지기 때문이다. 노년기에 이르러 얻는 가장 큰 복은 편안한 죽음을 맞이하는 것이다. 병에 의하지도 않고 고통을 수반하지도 않으며 아무런 느낌도 없는 매우 안락한 죽음은 큰 복이다.

인생의 끝은
가장무도회의 끝과 같다

인생의 끝은 가면을 벗는 가장무도회의 끝과 같다. 인생의 끝자락에 와서야 자신이 그동안 만난 사람들이 실제로 어떤 사람들이었는지가 드러난다. 성격이 훤히 드러나고, 행위의 결과가 밝혀지며, 모든 환영이 사라지는 것이다. 이 모든 것을 알기까지 그저 시간이 필요했을 뿐이다.

인생의 끝 무렵에 가서야 사람은 비로소 자기 자신을, 특히 타인과의 관계에서 자신의 목표와 목적이 무엇이었는가를 인식하게 된다. 그때 자신이 생각했던 것보다 자신을 낮은 위치에 놓아야 하는 경우가 흔히 있다. 그건 살아오면서 세상의 저열함에 대해 충분히 생각해 보지 못했기 때문이다. 그리고 그제야 자신이 어떤 인간인지 알게 된다.

쇼펜하우어 아포리즘

중요한 책은 그것이 무엇이든
두 번 읽는 것이 좋다

"반복이란 연구의 어머니이다." 중요한 책은 그것이 무엇이든 곧바로 두 번 읽는 것이 좋다. 그래야만 맥락을 좀 더 잘 파악할 수 있으며, 끝을 알고 있으면 그제야 처음 부분을 제대로 이해할 수 있기 때문이다. 또한 두 번째 읽을 때는 처음 읽었던 것과는 다른 감정과 기분을 느끼게 되므로 전혀 다른 인상을 받게 된다. 그것은 같은 대상을 다른 각도로 보는 것과도 같다.

고전을 읽는 것보다
더 좋은 것은 없다

어떠한 하나의 작품은 그 작품을 쓴 작가의 정신이 담긴 결정체라 할 수 있다. 그렇기 때문에 제아무리 위대한 정신의 소유자라 할지라도 현실의 인간관계에 비해 작품은 늘 비교할 수 없을 정도로 풍부한 내용을 담고 있으며 그것은 본질적으로 그 인간관계를 대체할 수 있는 것이다. 이것은 심지어 평범한 사람이 쓴 작품일지라도 유익하고 읽을 가치가 있으며 재미도 있을 수 있다는 것을 의미한다. 그것은 그 사람의 정신의 결정체이자, 그 사람의 생각과 연구의 결과이자 결실이기도 하기 때문이다.

  기분 전환을 위해서는 옛 고전을 읽는 것보다 더 나은 방법은 존재하지 않는다. 고작 반 시간에 불과할지라도 고전 작가의 한 작품을 읽으면 곧 생기를 느끼게 되고, 마음이 홀가분해지고, 힘이 솟아나고, 기분이 밝아지는 것을 느낄 수 있다. 이것은 마치 바위틈에서 솟아나는 신선한 물을 마시고 기분이 상쾌해지는 것과도 같다. 고전어와 그것의 완벽함 때문일까? 혹은 몇천 년이 지나도 훼손되지 않은 작품과 약해지지 않은 정신의 위대함 때문일까? 어쩌면 이 두 가지가 함께 작용했을지도 모른다.

책을 구입하는 것과 책을 내 것으로
만드는 것을 혼동하지 마라

만약 책을 읽는 시간도 함께 구입할 수 있다면 책을 구입하는 것이 좋은 일일지도 모른다. 하지만 일반적으로 사람들은 책을 구입하는 것과 그 내용을 자신의 것으로 만드는 것을 혼동하고 있다.

어떤 사람이 자신이 지금까지 읽었던 모든 것을 그대로 간직하기를 바라는 것은 마치 지금까지 자신이

203

먹은 모든 것을 전부 몸 안에 담고 있기를 바라는 것과 같은 일이다. 그가 먹은 음식으로 인해 그의 육체는 살아 있는 것이고, 그가 읽은 것에 의해 정신적으로 살아서 현재의 자기 자신이 된 것이다. 하지만 육체가 자신과 동질적인 것만을 그 안으로 동화시키는 것처럼, 모든 사람은 자신이 흥미를 느끼는 것 그리고 자기 생각이나 그 목적에 맞는 것만 간직한다.

누구에게나 자신의 목적은 있지만 사고 체계가 비슷한 사람들은 극소수이다. 그래서 대부분은 어떠한 것에도 객관적인 흥미를 느끼지 못하고, 그 때문에 그들에게는 아무리 독서를 한다고 해도 남는 것이 없게 된다. 그들은 읽는다 해도 그 어떠한 것도 간직하지 않는다.

독서법에서 읽지 않는
기술이 매우 중요하다

현대의 작가들과 출판업자들이 이 시대의 고상한 취향과 참된 교양을 외면한 채 상류 세계 전체를 고삐로 잡아 바깥으로 끌어내어 자신들의 글을 읽도록 길들이는 데 성공한 것은 사실 지독하고 교활한 짓이기는 하지만 어떤 면에서는 눈부신 성과라 할 수 있다. 이제 상류 사회의 사람들은 그들의 사교 모임에서 대화의 소재로 삼기 위해 모두가 새로 출판된 책을 읽지 않을 수 없게 되어버린 것이다.

이러한 목적에 딱 들어맞는 책으로 이전의 슈핀 들러, 불버, 오이겐주에 등과 같이 한 시절을 풍미했 던 작가들이 썼던 수준 낮은 소설 등이다. 이러한 통 속 소설을 읽는 독자들의 운명만큼이나 비참한 것이 어디 있겠는가! 독자들은 단순히 돈 때문에 글을 쓰 고 그렇기 때문에 어디에나 존재하는 너무나 평범 한 작가의 졸작을 읽는 것을 자신들의 의무로 생각 한다. 정작 시대와 역사를 뛰어넘어 존재하는 귀하 고 훌륭한 작가의 작품은 그저 이름만 알고 있을 뿐 이다.

사람들은 보통 그 어느 시대를 통틀어 보더라도 최고의 작품이 아니라 늘 최신 작품만 읽기 때문에 저술가들은 유통이라는 좁은 범위의 이념에 갇혀 있 고, 그 시대는 늘 오물에 점점 파묻혀버리고 만다. 그래서 우리의 독서법에서는 읽지 않는 기술이 너무 나도 중요하다. 이 기술은 아무리 많은 독자의 관심 을 끄는 작품이라 하더라도 그 이유로 그 책을 손에 잡지 않는 것에 있다. 예를 들어 출판 즉시 출판계에 큰 파문을 일으키다 그 해에 몇 판을 찍고 그것으로 끝나버리는 정치적인 저서, 문학 저서, 소설, 시 등을 사보지 말아야 한다. 오히려 늘 별로 길지 않은 시간이라 하더라도 일정한 시간을 독서에 할애해 모든 시대와 민족을 초월해 그 어느 인류보다 위대하고 탁월한 정신의 소유자이자 명성이 드높은 작가의 작품만을 읽는 것이다. 이러한 작품만이 진정으로 우리에게 교양과 깨우침을 준다.

수준 낮은 책은 많이 읽게 되지만, 좋은 책은 자주 읽지 못한다. 질 낮은 책은 정신에 독약이나 마찬가지여서 우리의 정신을 파멸시킨다. 좋은 책을 읽기 위한 조건은 질 낮은 책을 읽지 않는 것이다. 인생은 짧고, 시간과 우리의 힘은 한정되어 있기 때문이다.

그저 새로 출판된 책만
읽는 안타까운 독자들

　예전의 위대한 작가들을 논평한 책이 나오면 독자들은 그 책은 사서 읽지만 그 작가들의 저술 자체는 읽지 않는다. 독자들은 그저 새로 출판된 책만 읽으려고 한다. 작가의 정신이 담긴 저술은 딱딱하고 어려워하면서 그들을 논평한 진부하고 수준 낮은 잡담은 독자의 흥미에 잘 맞아떨어지기 때문이다.

그러나 나는 슐레겔이 젊은 시절에 썼던 멋진 구절을 미리 접하고 그것을 나의 좌우명으로 삼을 수 있었던 운명에 감사한다. "열심히 고전을 읽어라, 진정으로 참된 고전을! 최근에 나온 글은 그다지 중요하지 않으니."(〈고대 연구〉)

아름답고 숭고한 땅과
비옥하고 기름진 땅의 차이

　　스위스의 산악 지대는 마치 천재와도 같다. 아름답고 숭고하지만 영양이 가득한 열매를 맺기에는 적당하지 않다. 반면 포메른과 홀슈타인의 습지는 비옥하고 기름진 땅이지만 나에게 이득만을 안겨주는 속물의 모습처럼 아주 속되고 또 지루하다.

언제나 전나무는
우리와 함께 견딘다

개는 충실함의 상징이다. 식물 중에는 전나무가 그러한 존재이다. 전나무만은 좋을 때뿐 아니라 나쁠 때도 우리와 함께 견딘다. 다른 나무들과 식물, 곤충, 새들은 다시 해가 빛날 때 되돌아오기 위해 우리 곁을 떠나지만 전나무만은 태양의 총애를 받으며 우리 곁을 떠나지 않는다.

쇼펜하우어의 생애와 사상

쇼펜하우어의 생애

쇼펜하우어는 1788년 2월 22일 자유를 옹호하는 상인 하인리히 플로리스 쇼펜하우어와 여류작가 요한나 헨리 에테 사이에서 태어났다.

1793년 단치히 지방이 폴란드에 합병되면서 쇼펜하우어의 아버지는 자유의 도시 함부르크로 이사를 갔다. 쇼펜하우어는 고등학교와 대학을 다니는 동안 뛰어난 성과를 거두었지만 세상에 대해서 냉소적이었다.

1810년 의학부에서 철학과로 옮김, G.E.슐체로부터 철학을 배우고, 플라톤과 칸트를 철저히 수학하였다.

1811년 베를린 대학으로 전학하다.

　1813년 박사학위 논문을 집필하기 시작했다. 그는 학위를 받은 후에 〈의지와 표상으로서의 세계〉를 발표했다. 그 논문은 출판사에서 출판되었으나 주목을 받지 못했다. 그러나 〈의지와 표상으로서의 세계〉를 발표한 후 자신감을 얻었다. 그것은 이 책이 낡은 관념의 단순한 재생이 아니라 독창적인 사상으로서 어느 정도 성공했기 때문이다.

　1818년 〈의지와 표상으로서의 세계〉를 탈고한 후 이탈리아로 여행을 갔다가 돌아와서 1836년 〈자연의 의지에 대하여〉라는 논문을 발표했다.

　1841년에 〈윤리학의 두 가지 문제〉 발표 1851년에 〈여록과 보유〉를 출판

1831년에 콜레라가 베를린을 휩쓸자 프랑크푸르트로 이주한 쇼펜하우어는 그곳에서 여생을 보내게 된다. 그곳에서 〈콜레라서〉를 집필, 철저한 염세주의자였던 쇼펜하우어는 아버지가 경영하던 회사의 주식을 물려받아 다른 사업에 투자하여 대성을 거둔다.

　　1836년 〈자연에 있어서의 의지〉를 출판

　　1841년 〈윤리학에서의 두 가지 근본문제〉를 출간

　　1850년 〈소품과 부족〉을 원고료 없이 출판하려 했으나 실패했다.

　　1852년 〈노령〉 집필

1860년 9월 21일 폐수종으로 사망하였다.

쇼펜하우어의 사상

쇼펜하우어는 19세기 초 염세주의적 경향을 철학 영역에 반영시킨 인물이다. 당시 학자들이 그를 염세주의자라고 한 것은, 그가 평생 고통 속에 살다가 허망하게 죽어가는 인간의 부조리한 현실에 눈을 떴고, 애써 이를 포장하려 들지 않았기 때문이다.

하지만 쇼펜하우어는 진정한 의미에서 염세주의자가 아니다. 이성 만능 주의에 빠져 있던 오만한 근대 과학과 낙천주의의 허점을 꼬집으며 세상에는 이성만으로 해명할 수 없는 일이 많이 일어난다고 주장했으며, 세상은 결코 조화롭지 않은 부조리와 모순 덩어리임을 증명했기 때문에 염세주의자란 딱지를 달았지만, 그는 누구보다도 세상을 정직하게 날카롭게 통찰했던 철학자였다 쇼펜하우어는 자신의 철학과 학문의 모든 발전은 대학의 영역 밖에서 이루어진다고 주장했다. 대학을 무시한 것이다. 그런 이유로 인해서 독일의 대학은 쇼펜하우어의 저서와 철학을 똑같이 무시했다. 그러나 쇼펜하우어는 자신의 철학이 널리 인정받게 될 것을 믿었다. 그런 그의 믿음은 서서히 현 실로 나타나기 시작했다. 변호사, 의사, 심지어 상인들까지도 쇼펜하우어의 형이상학적 전문용어를 말하지 않고서는 현실의 문제를 제대로 이해하거나 해석할 수 없음을 알게 된 것이다.

마침내 유럽 학계가 절망을 대변하는 쇼펜하우어의 철학을 받아들였다. 신학을 과학적으로 분석하고, 가난과 전쟁에 분노하며, 생존경쟁을 생물학적으로 강조하고, 세상을 통찰하는 지혜와, 자아 확립을 비롯한 수많은 요소들이 들어 있는 쇼펜하우어의 사상을 인정하게 된 것이다. 그리하여 모든 사람들이 쇼펜하우어의 철학을 진리의 영역으로 받아들이기 시작한 것이다.

쇼펜하우어가 후세에 많은 영향력을 남긴 철학자가 된 원인으로는 인간에 대한 그의 통찰력뿐만 아니라 세련되고 현대적인 문체를 들지 않을 수 없다. 독일의 문호인 괴테도 쇼펜하우어의 사상과 철학에 대해서는 의견을 달리했지만, 그의 명쾌한 문체와 세련된 표현에 대해서는 감탄을 했을 정도였다. 간결한 문체와 적절한 표현 등으로 오늘날에 이르기까지 플라톤, 루소, 니체 등과 함께 철학자이자 뛰어난 문장가로 평가받고 있다.

엮은이 북러버
북러버는 전 세계 다양한 언어로 쓰인 작품을 많은 사람이 우리말로 쉽고 즐겁게 읽을 수 있도록 번역하고 기획하는 사람들의 모임입니다.
번역한 책으로는 버금세계명작시리즈 〈톨스토이 단편선〉, 〈생텍쥐페리 명작선〉, 〈알퐁스 도데 단편선〉, 〈데미안〉 등이 있습니다.

살면서 꼭 읽어야 할 쇼펜하우어 인생의 지혜

발행일 초판 1쇄 2024년 9월 20일

지은이 아르투어 쇼펜하우어 **엮은이** 북러버
펴낸이 강주효 **마케팅** 이동호 **편집** 이태우 **디자인** 하루
펴낸곳 도서출판 버금 **출판등록** 제353-2018-000014호
전화 032)466-3641 **팩스** 032)232-9980
이메일 beo-kum@naver.com
블로그 blog.naver.com/beo-kum
제조국 대한민국
주의사항 종이에 베이거나 긁히지 않게 조심하세요.

ISBN 979-11-93800-14-0 03160
값 14,000